일상의 ——— 마음공부의 원리
삶을 위한

이 책은 죽산 황도국 원불교 미국종법사의
미국 현지 교도들과의 문답 감정과
교도들에게 내려주신 법문 등을 바탕으로 편집되었습니다.

죽산 황도국 원불교 미국종법사 법문집

일상의
삶을 위한

마음공부의 원리

소리산

"마음공부는 과거에 하는 것도 아니고,
미래에 하는 것도 아니고
온전히 현재에 하는 것입니다.
지금 내 몸과 마음을 사용하는데 옳은 일은 취하고,
그른 일은 버리는 취사를 하는 것이 바로 마음공부입니다."

소중한 _____ 님에게

# 마음의 원리를 터득하여
# 행복한 삶을 살아가길

"앞으로 코 큰 사람들이 소쿠리 비행기를 타고 수없이 법을 구하러 올 것이다"

소태산 대종사님께서 해주셨다고 하신 이 말씀을 원불교학과를 다니던 시절 선진님들로부터 많이 듣고 살았습니다. 그런데 저는 미국에 올 기연이 없었던 것인지 퇴임하기 전까지는 한 번도 미국에 와본 적이 없었습니다. 그러다 고희가 되어서 교단의 명을 따라 중임을 맡아 미국에 올 기연을 갖게 되었습니다. 처음에는 망설여지는 마음도 있었지만 70살까지는 한국에서 살았으니 70살 이후에는 미국에 가서 재가, 출가 교도들과 정진하면서 살라는 법신불 사은님의 뜻으로 알고 미국으로 오게 되었습니다.

이곳 미국으로 오기 전 미국에 대해 들었던 정보들은 주로 총기 사고나 마약 등의 부정적인 문제들이 많았고, 일부 영성에 관심을 가진 사람들도 있다는 정도였습니다. 그러나 막상 이곳에 와서 보니 부정적인 문제들도 많이 있었지만 영성에 관심을 가진 사람들이 생각보다 훨씬 더 많다는 것을 알게 되어 참으로 놀라웠습니다. 생각보다 훨씬 더 많은 사람들이 명상을 추구하고, 동양의 정신에 대해 알고 싶어하며, 이론이 아닌 실질적인 명상 수련을 통해서 명상의 깊은 경지를 직접 체험하고 싶은 열망으로 수련 센터를 찾고 있었습니다. 참으로 신기했고, 가능성이 아주 많은 곳이라는 생각이 들었습니다. 미국인들은 대체적으로 동적인 사람들이 많아서 활동적이고 대화하기를 좋아합니다. 그러면서도 며칠씩 묵언하면서 진지하게 정적인 명상에 임합니다. 이러한 모습을 보면서 새삼 미국이 참 복이 많은 나라라는 생각이 들었습니다. 물론 미국은 심각한 문제들도 안고 있지만 그것을 상쇄시킬 수 있을 만큼 명상을 추구하는 사람들 또한 많이 있으며, 그 수도 계속 늘어나고 있는 추세입니다. 이런 사람들이 많다는 것은 착하고 선한 영성을 가진 사람들도 그만큼 많으며 그러한 마음으로 살려는 사람들 또한 많아지고 있다는 뜻이기에 이곳에서 원불교의 마음공부가 편만하게 되리라는 가능성과 희망이 보였습니다.

이곳 원불교 미국총부가 있는 원달마센터(361State Route 23 Claverack, NY 12513 U.S.A)에는 일년 내내 수많은 사람들이 찾아옵니다. 그리고 수련에 참석한 미국인들과 가끔 통역을 통해서 문답하는 시간을 갖습니다. 그런데 수련에 참석한 미국인들 중에 삶의 문제와 진리의 문제에 대해 본질과 핵심을 정확히 잡아 질문하는 경우가 의외로 많았습니다. 그래서인지 이곳 미국 총부에 살면서 가장 즐겁고 소중하게 여기는 시간 중 하나가 바로 미국인들과 문답 감정하는 시간입니다. 그동안 미국에 와서 여러 차례 그런 시간을 가졌었는데 녹음해 둔 그 문답 감정을 오렌지카운티 교당 박심성 교도가 일일이 정성스럽게 글로 풀어 다듬어 주었고, 그 밖에도 미국에 와서 교도들과 문답한 내용과 법설 등을 함께 묶어 정리해 주어 이렇게 책으로 나오게 되었습니다. 이 지면을 통하여 진심으로 깊은 감사의 인사를 드립니다.

　원달마센터의 맑은 기운과 자연의 생명력이 생생하게 넘치는 이 공간에서 이 책을 대면하는 모든 사람들이 함께 공부하고, 함께 정진하

며, 마음의 원리를 터득하여 행복한 삶을 살아가기를 두 손 모아 기도
올립니다.

원불교 미국총부 금강원에서

원불교 미국종법사 죽산 황도국 합장

# 1장

# 마음공부가
# 궁금합니다

# 수행으로 어떻게
# 고통을 해결할 수 있습니까?

　부처님의 최초 법문 말씀이 바로 고통의 문제입니다. 그것이 [1]사성제(四聖諦) 법문입니다. 고집멸도(苦集滅道)에서 보면 그 원리는 딱 하나입니다. 원래 마음의 고통이라는 것은 없다는 것입니다. 생각을 일으켜서 고통을 잡고 있는 것일 뿐, 그래서 그 핵심은 그것을 놓는 것입니다.

　그것을 팔정도(八正道)로 가르쳐 주셨습니다. 바르게 보고 '정견(正見)', 바르게 생각하고 '정사유(正思惟)', 바르게 말하고 '정어(正語)', 바르게 행동하고 '정업(正業)', 바르게 생활하고 '정명(正命)', 바르게 정진하고 '정정진(正精進)', 바르게 깨어 있고 '정념(正念)', 바르게 삼매에 집중

---

**1 사성제[四聖諦]** 불교 중심 교리의 하나. 태어나는 것, 늙는 것, 병드는 것, 죽는 것, 싫어하는 사람과 만나는 것, 좋아하는 사람과 헤어지는 것, 바라는 것을 얻지 못하는 것 등을 포함하여, 존재한다는 것은 괴로움이라는 고성제(苦聖諦), 괴로움이 어디서 오고 어떻게 유지되며 어디로 향하는지, 그 원리와 이유를 알지 못한다는 집성제(集聖諦), 괴로움은 멸할 수 있으며 괴로움을 없앤 상태가 열반이라고 하는 멸성제(滅聖諦), 괴로움을 멸하기 위한 8가지의 바른 수행 방법 즉, 팔정도가 있다는 도성제(道聖諦)이다.

하고 '정정(正定)' 바로 이렇게 생활하고 이렇게 정진해가야 합니다. 깊이 정진해가는 마음은 고통이라는 것도 놓아 버리고 오직 일념의 상태에 집중할 뿐입니다. 정념은 바로 일념의 상태에 있는 것입니다. 거기에서 한 단계 더 들어가면 해탈의 세계로 들어가게 됩니다. 그 해탈을 삼매라 표현하셨습니다. 그래서 불교를 한마디로 표현하면 해탈의 종교라 할 수 있습니다. 고통에서 벗어나는 것이 불법(佛法)입니다. 절대 고통이 있을 때 맞서려고 할 필요가 없습니다.

앞에서 이야기했듯이 팔정도(八正道)의 앞에는 모두 '바를 정(正)'자가 들어 있습니다. 그 정(正)이라는 것은 해탈의 마음을 내서 고통이 없는 그 마음입니다. 그 '정(正)'은 성품을 여의지 않고 마음을 그대로 내서 바라보고 생각하고 행동하고 모두 그렇게 나오게 하는 것입니다. 또한 여기서 중요한 것은 마음의 원리를 정확히 이해하는 것입니다. 어떤 고통도 그냥 왔다가 흘러갑니다. 죽음까지도 왔다가 그냥 흘러가는 것입니다. 오면 맞이하고 가면 그냥 가는 대로 두는 것이 부처님께서 해 주신 말씀입니다.

또한, 소태산 대종사께서는 고락의 원인을 깊이 생각해 보고 이것이 정당한 고락인가 부정당한 고락인가 자상히 살펴보아서 '정당한 고락으로 무궁한 세월을 한결같이 지내며, 부정당한 고락은 영원히 오지 아니하도록 행(行)·주(住)·좌(坐)·와(臥)·어(語)·묵(默)·동(動)·정(靜) 간에 응용하는 데 온전한 생각으로 취사하기를 주의'하도록 말씀하여 주셨습니다.

우리 몸은 나이가 들면 모든 근육이 약해지게 됩니다. 근육이 약해지면 관절에도 이상이 생기고 뼈에도 이상이 생기고 여러군데 아픈 데가 생기게 됩니다. 몸의 탄력성이 줄어들기 때문입니다. 마음도 마찬가지입니다. 그대로 방치하면 안 됩니다. 탄력성을 높일 수 있어야 됩니다. 다른 방법은 없습니다. 마음을 넓혀가는 것을 훈련 해야 합니다. 명상 수행도 아주 요긴한 방법이며, 소태산 대종사께서 말씀하신 늘 온전한 생각으로 취사하기를 주의하는 훈련을 해야합니다.

# 고통은 어디서 올까요?

몸이 아파서 고통이 올 수 있습니다. 그런데 고통은 마음으로 느낍니다. 왜 마음이 아플까요? 마음에는 아무것도 없는데요. 마음은 깨닫게 되면 고와 낙을 초월해버립니다. 이것을 '극락'이라고 표현합니다. 거기에는 고통이 없고 생사도 초월합니다. 그곳에서는 생사의 구애를 받지 않습니다. 그러나 부처님이라도 업(業)의 순환을 벗어날 수는 없습니다. 부처님도 아버지가 돌아가시는 것을 보셨습니다. 그리고, 부처님은 당시에 아버지의 나라가 망하는 것도 보셨습니다. 부처님의 마음에 이생의 연민의 정은 있었겠지만 그 본래 마음에는 걸림이 없으셨을 것입니다. 그것도 하나의 순환하는 흐름이라고 보셨기 때문입니다. 조금 일찍 가고 늦게 갈 뿐, 일찍 가는 일은 일찍 갈 수 밖에 없으므로 일찍 가는 것이라 여기셨습니다. 그렇게 생각을 돌리는 것이 고통에서 벗어나는 길 중 하나입니다.

나에게 어떤 일이 일어날 때는 그 일이 일어날 수밖에 없기 때문에 일어나는 것이라 여기세요. 날씨를 보세요. 때로는 눈이 오고, 때로는 비가 오고, 때로는 엄청난 태풍도 몰아옵니다. 그러나 태풍도, 눈도, 비도 기연따라 내릴 뿐이요, 지나간 뒤에는 흔적도 없이 사라집니다. 또 한쪽에는 해를 주지만 다른 쪽에는 유익을 가져다 줄 수도 있습니다. 우리의 마음도 같습니다. 이런 마음의 원리를 잘 알고 깨달아야 합니다. 그리고 순환의 이치를 알면 마음에 고통은 일어나지 않습니다. 하지만, 눈에 보이고 나타나는 것들을 상대적인 개념으로 비교하기 시작하면 마음이 불편해집니다. 그것이 고통의 원인이 됩니다. 즉, 바라는 마음을 놓고 비교하는 마음을 놓고 상대를 초월해야 고통을 초월하게 됩니다. 모든 것은 변합니다. 생사도 그렇습니다. 그것을 깨달아야 합니다.

# 걱정을 많이 합니다.
## 어떻게 하면 걱정에서
## 벗어날 수 있을까요?

천지자연을 보세요. 겨울이 오면 날씨가 차가워집니다. 우리는 차가워져서 걱정을 합니다. 바람이 세차게 불면 바람이 불어서 걱정을 합니다. 비바람이 몰아치면 비바람이 몰아쳐서 걱정을 합니다. 그와 같이 일상의 많은 일을 걱정하며 살아갑니다. 그러나 걱정할 필요가 없습니다. 그 모든 것은 지나가기 때문입니다. 그렇게 끊임없이 변화하고 움직이는 게 진리입니다. 그 모든 것을 관조하면서 바라보면 됩니다.

큰 태풍을 살펴보면 그 태풍 속에는 고요한 눈이 있습니다. 태풍의 눈이 고요하면 고요할수록 태풍의 에너지는 더 강력해집니다. 우리 삶도 천지자연처럼 끊임없이 역동적으로 움직입니다. 그 가운데 마음이 고요하면 고요할수록 오히려 우리 삶은 더 역동적으로 만들어질 것입니다.

천지는 바람이 불고, 비가 오고, 구름이 움직이고, 태양 빛이 비치고, 거대한 비바람이 몰아쳐오고 그러는 가운데 만물이 장양되고 활력을 얻게 된다는 사실을 기억하시기 바랍니다. 우리의 삶도 이와 마찬가지로 여러 가지 관계성 속에서 이루어진다는 사실을 잊지 마세요. 그 관계성을 우리가 잘 대처만 할 수 있다면 우리의 삶은 훨씬 더 가치 있게 될 것입니다. 걱정은 좀 놓아두셔도 됩니다.

"원래 마음의 고통이라는 것은 없습니다.
생각을 일으켜서 고통을 잡고 있는 것일 뿐,
마음공부의 핵심은 그것을 놓는 것입니다."

원달마센터 훈련인들

# 나를 힘들게 하는 사람이 있습니다.
# 어떻게 해야 하나요?

힘들게 하는 사람이 있으면 누구나 힘이 듭니다. 그것은 정상입니다. 그런데 여기서 중요한 것은 살다 보면 누구나 그런 인연들을 만나게 되는데 그 사람들을 거부할 수 없다는 것입니다. 거부하면 또 옵니다. 그래서 지혜롭게 인간관계를 설정해 가는 것이 대단히 중요합니다. 내 마음이 약할수록 그런 관계는 더 힘이 듭니다. 명상을 통해서 마음을 넓혀두면 그 힘든 것이 줄어들 것입니다. 그런데 그 힘듦이 내가 감당하기 어려울 정도라면 잠시 피하는 것도 좋습니다. 그러나 계속 피할 수는 없으므로 될 수 있으면 마음의 힘을 길러서 자꾸 마음을 돌려야 합니다. 그 다음에는 그 대상에게 불공을 해야 합니다. 불상 앞이나 원불교의 일원상 앞에서만 불공을 하는 것이 중요한 것이 아니라, 나를 힘들게 하는 그 대상에게 직접 불공하는 것, 그것이 더 중요합니다. 하느님이나 부처님이 다른 곳에 있는 것이 아니라 바로 그 모든 대상을 통해서 나타나기 때문입니다. 그래서 불공은 직접 그 대상에게 해야합니다. 아내에게 그렇게 소중하게 불공하고, 남편에게 소중하게 불공하고, 이웃에게 소중하게 불공하고, 만나는 사람마다 그렇게 소중하게 불공하면 살아갈수록 힘든 일들이 줄어들 것이며, 그들이 나를 좋아하지 않을 수 없을 것입니다.

원달마센터 일원홀

"명상은 내 마음의 품을 넓히고 강화하는 일입니다.
어떤 것이 들어와도 상관없게 만드는 것입니다.
그렇게 마음을 넓혀 놓으면 다 수용이 됩니다.
그래서 명상은 두려움을 이겨내는 방법이며,
마음을 관리하는 법을 배우는 시작입니다."

# 어떻게 하면 화를
# 다스릴 수 있을까요?

　제가 계속 이야기하는 것은 '마음의 원리'입니다. 지금 이야기하는 '화'라든가 성냄 이런 여러 가지 많은 감정의 문제들도 모두 마음으로부터 생겨난 것입니다. 그런데 마음이라는 건 본래 깊은 자리로 들어가보면 '성품'이라는 자리를 만날 수 있습니다. 그 자리에는 성냄도 기쁨도 슬픔도 없습니다. 그 성품 자리에서 분리되어서 나온 것을 '정신'이라 하고, 정신에서 다시 분별해서 나타나는 것이 '마음'입니다. 마음이 움직여가는 것을 '생각'이라고 하고, 그 생각이 나타나는 것을 우리는 '감정'이라고 표현합니다. 그리고 그 변화하는 감정들을 보통 일곱 가지로 설명합니다. '희·노·애·락·애·오·욕(喜怒哀樂愛惡欲)' 우리가 마음 공부를 하고 명상 수행을 하는 것은 바로 이 7가지 감정을 잘 다스리기 위해서입니다. 이 7가지 감정이 과하게 되면 반드시 문제가 생기기 때문입니다. 그중의 하나가 바로 화냄 '화'입니다. 그런데 여기서 먼저 살펴보아야 할 것은 모든 감정은 반드시 그 감정이 일어나는 원인이 있다는 것입니다. 원인에 의해서 그 결과로 감정이 일어나는 것입니다. 마음의 감정에는 뿌리가 있습니다. 그렇기에 이 감정을 다스리려면 어째서 그 감정을 갖게 되었는가 그 원인을 잘 알아야 합니다. 화내는 감정을 계속 반복하고 반복하고 반복하면 자신의 습성이 그쪽으로 쏠려서 일어나게 됩니다. 그리고, '화'는 창과 같아서 다른 사람을 찌릅니다. 나에게 찔린 상대는 나에게 다시 창을 내밀 수도 있고 나와의 관계를 끊어버릴 수도 있습니다. 그러하기에 그것을 다스리지 않으면 본인이 힘들어집니다. 그래서 '화'를 다스리는 것은 대단히 중요합니다.

　명상을 통해서 그 마음을 가라앉힐 수 있습니다. 우리 마음 깊은 곳에는 '화'라는 것이 없기 때문입니다. 그곳에는 오직 평안과 내적인 기쁨이 충만해 있을 뿐입니다. 그래서 명상을 많이 하게 되면 자연적으로 어느 순간 화가 사라지게 됩니다. 그러나, 아직 수행 중인 우리는 밖으로 거슬리는 어떤 대상이나 일을 보면 바로 화가 일어날 수 있습니다. 그때는 돌리는 마음을 가져야 합니다. 그래서 명상을 통해서 마음을 강화시켜 놓아야 합니다. 그렇게 되면 그런 대상을 봤을 때에도 마음을 잘 돌릴 수 있는 힘을 갖게 됩니다. 두 번 하고 세 번 하고 그렇게 지속적으로 하면 점진적으로 내 마음에 변화가 일어나기 시작합니다. 명상을 통해서 '화'가 없는 깊은 내면의 세계를 바라볼 줄 알기 때문입니다. 또 혼자 있을 때는 명상을 통해서 그 '화'라는 생각을 일으키지 말고, 경계를 당해서는 그 마음을 돌리고 그렇게 공부해 나가면 아무리 힘들고 어려운 일이나 사람을 만나게 될지라도 자연적으로 녹아난다고 하셨습니다. '화'뿐만 아니라 위에 얘기한 7가지 모든 감정이 다 마찬가지입니다.

　원불교 교조이신 소태산 대종사께서 우리에게 가르쳐주신 것은 오직 마음을 잘 쓰는 방법입니다. 일상으로 돌아가서 나 자신이 행복하고, 만나는 모든 사람과 관계가 좋아지고, 가족 관계가 좋아지고, 직장에서 인간관계가 좋아지고 그렇게 명상할수록 모든 관계가 좋아져야 합니다. 오래오래 하게 되면 나도 모르는 가운데 자연히 그렇게 될 것입니다.

# 부정적인 생각이 많이 올라옵니다.
# 어떻게 하면 긍정적인 생각으로
# 돌릴 수 있을까요?

　부정적인 생각은 어디에서 올까요? 그것을 잘 생각해 보셔야 합니다. 그 생각은 바로 비교하는 마음에서 옵니다. 그럼 비교하는 마음은 또 어디서 올까요? 그것은 분별하고 주착하는 마음에서 옵니다. 이 분별하고 주착하는 마음은 공부하는 데에도 몇 가지 큰 마장을 가져옵니다. 첫 번째는 나는 할 수 없다는 현애상(懸崖想)입니다. 두 번째는 나는 잘 안다는 관문상(慣聞想)입니다. 관문상이란 이미 들어봤고 안다는 생각으로 습관적으로 듣고, 습관적으로 행동하는 것을 말합니다. 세 번째는 자만하는 마음입니다. 이 마음들을 다시 두 가지 마음으로 말할 수 있습니다. 그것은 자만심과 열등감입니다. 열등감이 현애상을 만들고, 자만하는 마음이 관문상을 만드는데 이 두가지 마음을 갖게 되면 공부를 더 진전하지 못하게 합니다. 그리고 또한 시기심이나 질투의 마음도 깊이 안으로 들어가보면 자만과 열등감이 있어서 생긴다는 것을 알 수 있습니다. 이 마음에서 나온 비교심은 공부에 아주 큰 걸림돌이 될 수 있습니다. 그런데, 간혹 비교심이 자신을 발전시켜 가는데 도움이 될 때도 있습니다. 잘하는 상대를 보고 분발하는 마음을 가지게 될 때는 그렇습니다. 그러나, 비교심이 우월감이나 열등감으로 가게 되면 매우 큰 마장이 됩니다.

또한, 좌선과 명상을 할 때 그런 부정적인 생각이 떠오르는 것은 그냥 떠오르는 것이 아님을 알아야 합니다. 일상생활 속에서 내가 경험하지 않고 겪어보지 않은 일은 떠오르지 않습니다. 여기서 벗어나는 데는 두 가지 공부 길이 있습니다. 먼저, 일상생활 속에서 비교하는 마음을 내지 않는 것입니다. 모든 사람은 다 장점이 있는 반면에 단점이 있습니다. 모든 것을 다 잘할 수는 없습니다. 다른 사람이 잘하는 것이 있으면 인정해 주고, 그것을 보면서 자신을 경각시키는 스승으로 삼으면 됩니다. 그런데 그것을 통해서 열등감이나 우월감을 느끼게 된다면 그것은 마장이 됩니다. 그럴 때는 빨리 마음을 돌려야 합니다. 그리고, 좌선할 때 그런 생각이 들면 잡념임을 알아차리고 단전이나 호흡에만 집중하고 그 초점을 놓치지 말아야 합니다. 좌선할 때는 부정적인 생각뿐 아니라 긍정적인 생각까지도 다 망념이기 때문입니다. 생각이 떠오르면 그 생각을 바라보고 있으면 그 생각은 자동으로 없어집니다. 그런데 생각이 떠오를 때 다른 생각을 여기다 끌어오게 되면 이 생각이 다른 여러 가지 생각을 다시 끌어오게 됩니다. 그래서 좌선할 때는 모든 생각을 일단 내려놓고 생각을 멈추는 것이 중요합니다. 이렇게 멈추고 깊이 집중하는 명상을 지속하게 되면 어느 순간에 그런 부정적인 마음은 사라집니다. 마음이 좁아질수록 비교하는 마음은 치성하니다. 명상은 마음을 무한히 넓히는 일이고, 마음이 넓어지면 모든 것은 다 그 안에 수용이 됩니다. 누구나 부정적인 마음이 일어날 수 있습니다. 그러나 그 감정에 너무 얽매여 있으면 벗어나기 힘들어집니다. 자연스럽게 넘기면서 마음을 넓히는 명상을 지속하고 일상에서 자신의 현재의 삶에 집중해야 함을 잊지 마시기 바랍니다.

원달마센터 일원홀

"명상을 하면 마음이 고요해지고,
고요해지면 맑아지고, 맑아지면 밝아지고,
밝아지면 온통 다 통하게 되어 있습니다."

# 두려운 생각이 많이 올라옵니다.
## 가까운 사람과 있을 때도 그렇습니다.
## 어떻게 해야 할까요?

생각이라는 것은 어디서 일어날까요? 눈으로 볼 때는 대상을 통해서 생각이 일어나고, 귀로 들을 때는 귀를 통해서 들어옵니다. 그런데 명상할 때는 몸과 눈, 귀, 코, 입까지 다 닫아버렸습니다. 그렇게 가만히 있는데도 생각이 일어납니다. 도대체 생각은 어디를 통해서 오는 것일까요? 그리고 하루에 생각을 몇 번 정도 할까요? 우리 말에 5만 가지 생각을 한다는 말이 있습니다. 대체로 우리는 하루에 6만 번 정도 생각이 계속 바뀐다고 합니다. 혼자 있어도 5근(根)(눈·귀·코·입·몸)을 다 닫아버려도 이 의식 하나가 생각을 계속 일으킵니다. 그것을 불교에서는 업을 따라서 일어난다고 표현합니다. 이 말의 뜻은 심지 않은 것은 절대 일어나지 않는다는 말입니다. 모든 것은 5근을 통해서 의식 속에 심어진 것이라는 뜻입니다. 눈으로 한가지를 보면 한가지를 심고, 귀로 한가지를 들으면 한가지를 심고, 코로 한가지 냄새를 맡으면 한가지를 심고, 입으로 한가지를 맛보거나 말하면 한가지를 심고, 몸으로 부딪치면 또 한가지를 심고 그렇게 의식 속에 심어진 것들이 계속 잠재의식 속으로 심어집니다. 잠재의식 속으로 심어지면 그 의식은 무의식 세계로 심어집니다. 우리 내면에는 마음의 층이 있는데 그것을 잠재의식, 무의식으로 볼 수 있습니다. 그런데 그 의식의 층을 불교 [2]유식학에서는 보고 '안식(眼識)'· 듣고 '이식(耳識)'· 냄새 맡고 '비식(鼻識)'· 맛보고 '설식(舌識)'· 닿고 '신식(身識)'· 아는 '의식(意識)' 이렇게 인간의 기초적인 감각인 6식에, 제6식인 의식(意識)을 세분화해서 '말라식· 아뢰아식'으로 구분해서 표현을 합니다. 이생과 전생에 심었던 의식이 이러한 잠재의식과 무의식 속에 있다가 다시 의식으로 나타나게 되는데 그 중에서도 강한 세 가지가 있습니다. 그 첫 번째는 바로 애착입니다. 애착(愛着)으로 심어진 무의식이 상당히 강합니다. 두 번째는 원착(怨着)으로 심어지는 것이 강합니다. 세 번째는 탐착(貪着)으로 심어 놓은 것이 강합니다. 그 강도에 따라서 잠깐 떠오르기도 하고 오래 머무르기도 합니다. 마음의 모든 괴로움은 그 생각으로부터 일어나기 시작합니다. 명상을 하는 것은 그 생각을 잠재우기 위해서입니다. 마음이 약할수록 그 생각은 굉장히 치성하게 됩니다. 두려움도 그런 생각 중에 하나입니다. 그런데 마음이 너무나 약해지면 그 생각을 통제할 수 없는 지경이 됩니다. 특히 물질문명이 찬란하게 발달한 시대에는 생각이 밖으로만 향하여 이런 마음이 치성하게 되어있습니다. 그래서 정신 기운이

---

**2 유식학** 유식학(唯識學, yogacara thought)은 법(法)을 나타나게 하는 힘은 '식(識)'이라는 순수한 정신작용이라는 '유식설(唯識說)'을 연구하는 불교학의 분과 학문. 유식학의 '유식(唯識)'은 곧 '일체유심조(一切唯心造)'로서 모든 것은 마음이 지어낸 것이라는 뜻.

더욱 약해지게 됩니다. 그러하기에 물질문명이 발달한 시대일수록 명상을 하지 않으면 두려움 등 정신적으로 약한 부분이 생기게 됩니다. 명상의 초보는 그런 생각들로부터 벗어나 마음을 집중하는 것부터 시작해야 합니다. 집중하는 방법은 여러 가지가 있을 수 있습니다.

그 중 하나는 막 뛰어다니는 망아지의 코에 소코뚜레를 걸어 줄로 묶어놓는 것과 같은 방법입니다. 그렇게 묶어두고 오래오래 기다리면 망아지는 조용히 적응을 하게 됩니다. 마음도 그렇게 집중하고 기다리면 고요해집니다. 그리고 또 다른 방법의 하나는 화두에 집중하는 것입니다. 불교에서 주로 사용하던 이 방법의 핵심은 집중입니다. 그렇게 되면 모든 생각은 잠잠해집니다. 그렇기 때문에 명상할 때 생각이 떠오르는 것을 걱정하지 마세요. 생각이 떠오를 때 그 생각을 바라보면 자동으로 없어집니다. 그런데 생각이 떠오를 때 다른 생각을 끌어오게 되면 이 생각이 다른 여러 생각을 끌어오게 됩니다. 그걸 처리하는 방법은 두 가지입니다. 생각을 가만히 바라보는 것과 빨리 마음을 챙겨서 호흡이나 집중처에 마음을 집중하는 것입니다. 집중력이 흐트러지기 때문에 생각이 일어나는 것입니다.

좌선을 할 때나 명상할 때도 중요하지만 평소 생활 속에서도 애착이라든가 탐착이라든가 원착을 심지 않는 것이 중요합니다. 그리고 내 마음의 힘이 약할 때는 경계를 좀 피하는 것도 좋습니다. 그런데 영원히 피하기만 할 수는 없습니다. 피한 다음 내 마음을 강화해야 합니다. 그리고서 그 경계를 다시 대하면 그 경계가 별것 아니게 됩니다. 그래서 결국 어떤 두려움도 이겨낼 수 있는 힘이 생기게 됩니다. 명상은 그렇게 내 마음의 품을 넓히고 강화하는데 도움을 주게 됩니다. 어떤 경계를 맞이하게 되더라도 이겨낼 수 있는 힘이 생기게 되는 것입니다. 그렇게 마음을 넓혀 놓으면 모든 것이 다 수용됩니다. 그래서 명상은 두려움을 이겨내는 방법이며, 마음을 관리하는 법을 알고 깨닫게 하여 주는 길입니다.

# 나태심 때문에 고전하고 있습니다.
# 나태심을 이기는
# 좋은 전략이 있을까요?

　나태심을 이기는 좋은 전략은 없습니다. 나태심이 우리 삶에 어떠한 영향을 미치는가 깊이 깨닫고 그 마음을 챙겨나가고 또 챙겨나가서 나태심을 넘어서야 할 것입니다. 어떠한 일이든 나태심을 가지고는 성공할 수 없으며, 나태심을 가지고는 어떠한 일도 제대로 할 수 없다는 깨우침이 필요할 뿐입니다. 사람의 몸이라는 것은 하루 안에 자기 활동량이 있습니다. 활동을 하거나 안 하거나 자신이 가진 생명에서 그 양이 공제되며 하루하루 죽어가고 있다는 것을 알아야 합니다. 즉, 하루를 살았다는 것은 반대로 생각하면 하루를 죽었다는 의미이기 때문에 이 몸을 가지고 하루를 얼마만큼 활동하느냐에 따라서 삶이 엄청나게 달라진다는 것을 깨달아야 합니다. 내 생명을 의미없이 소비하는 것보다는 가치있게 활발하게 활동하고 죽어가는 것이 좋지 않을까요. 다시 한번 강조하지만, 나태해서는 어떤 일도 성사시킬 수가 없습니다. 특히 수행자에게 있어서 나태는 금물입니다. 그런데 어떤 사람은 나태해야 깨닫는다는 사람이 있습니다. 이 말이 맞기도 합니다. 왜일까요? 바로 잡념이 나는 것에는 나태해야 한다는 의미입니다. 잡념을 일으키는 것에는 나태한 것이 좋습니다. 잡념 일으키는 것에 부지런하면 큰일납니다. 잡념을 일으키는 것에는 나태하고, 활동할 때는 그때그때 바로 실천하는 것이 마음공부입니다. 소태산 대종사님께서는 일을 당하면 3 일심으로 바로 행하라고 그러셨습니다. 일심이란 바로 잡념 없이 행하라는 말씀입니다. 그것이 자기 삶의 앞길을 열어가는 방법입니다.

　사람들은 똑같이 마음이란 것을 가지고 있습니다. 그 마음은 아무리 퍼서 써도 없어지지 않습니다. 그런데 많은 사람들이 그 마음을 퍼서 쓸 줄을 모릅니다. 똑같은 사람인데 한 사람은 마음의 빗장을 닫고 마음을 열지 않고, 다른 한 사람은 마음을 내서 만나는 사람마다 다 기원을 해 줍니다. 세상 사람이 어려운 일이 있을 때 그 일이 잘 되도록 기원해주고, 어떤 사람이 힘든 상황에 부닥치면 그 사람이 잘 되도록 염원해 줍니다. 그렇게 마음을 수없이 꺼내서 씁니다. 그것이 우리가 부지런히 쓸 수 있는 마음 활동의 길입니다. 그런데 마음의 빗장을 꽉 채워놓고 마음을 쓰지 않는 사람이 많습니다. 우리는 모두를 도울 수 있는 능력이 있는데 돕지 않고 가만히 있는 이유는 무엇일까요? 그것은 나의 몸과 마음으로 행한 결과가 다 나에게 돌아온다는 인과의 원리를

---

3 일심[一心] 사심 잡념 · 번뇌 망상이 끊어진 온전한 마음. 원불교 정신수양 과목의 핵심적 개념으로 정신이 두렷하고 고요해서 일체의 사심잡념이 없이 온전한 마음의 경지를 말한다. 그 일 그 일에 오롯이 전일하여 마음 흩어짐이 없음. 온전한 마음으로 취사함을 의미한다. 곧 "이 일을 할 때에 저 일에 끌리지 않고 저 일을 할 때에 이일에 끌리지 아니하여 오직 그 일 그 일에 전일하는 것"(《대종경》 수행품2)

모르기 때문입니다. 내 주위에 나타난 모든 환경은 그냥 오는 것이 아니라 인과의 순환 속에서 나타난 것입니다. 그 중심에 내가 있습니다. 나태하면 좋은 결실이 없으며, 부지런하면 좋은 결실이 있습니다. 이 것이 인과입니다.

나태의 반대말이 무엇인지 한 번 생각해보시기 바랍니다. 나태의 정 반대에 계신 분이 바로 부처님이십니다. 부처님은 부지런함의 대표적인 분입니다. 최고의 값어치 있는 일에 끊임없이 활동하셨습니다. 그럼, 최고의 가치 있는 일은 무엇일까요? 바로 마음을 잘 쓰는 일입니다. 그것이 중요합니다. 그리고, 잘 쓰는 것만큼 더 중요한 것이 있습니다. 그것은 바로 다른 사람이 마음을 잘 쓸 수 있도록 인도해 주는 것입니다. 다른 사람이 진리의 마음으로 살아갈 수 있도록 하는 일, 부처님들은 이 일에 몰두하셨습니다. 그리고 그런 활동을 하는 종교인들을 성직자라고 합니다. 성직자들은 사람들이 선한 마음을 갖도록 인도해 주는 사람들입니다.

여기서 중요한 것이 하나 더 있습니다. 소태산 대종사께서는 활동하되 '무아봉공(無我奉公)'으로 활동하라고 교리의 결론처럼 말씀해주셨습니다. '무아봉공'은 수행자의 최고 덕목입니다. 그 뜻이 무엇일까요? 우리는 보통 그냥 봉사하고 희생하는 것으로 생각하지만, 그 본래 뜻은 진리를 깨쳐서 활동하는 것을 말합니다. 그렇게 되면 나태해질 수

---

**4 무아봉공[無我奉公]** 나를 없애고 공익을 위해 성심성의를 다한다는 말.

가 없습니다. 소태산 대종사께서는 원불교 5사대강령에 명확히 밝혀주셨습니다. '무아봉공은 개인과 자기 가족만을 위하려는 사상과 자유 방종하는 행동을 버리고 오직, 이타적 대승행으로써 일체중생을 제도하는데 성심성의를 다하자는 것'이라고요. 부처님들께서는 이 일에는 주저하지 않고 이를 위해서 최선을 다해서 활동하고 생활하시는 분들입니다. 자기 삶을 그런 삶으로 조금씩 바꿔가야 합니다. 그렇게 되면 그것이 자신의 삶을 정말 가치있는 삶으로 만들어 줄 것입니다.

---

5 **사대강령 [四大綱領]** 원불교 교단의 지향점을 정각정행(正覺正行)·지은보은(知恩報恩)·불법활용(佛法活用)·무아봉공(無我奉公)의 네 가지로 요약한 강령.

원달마센터 마늘밭 농사 죽산 황도국 미국종법사

"부처님은 부지런함의 대표적인 분입니다.
최고의 값어치 있는 일에 끊임없이 활동하셨습니다.
그럼, 최고의 가치 있는 일은 무엇일까요?
바로 마음을 잘 쓰는 일입니다."

원불교에서는 사은(四恩)을 이야기합니다.
우리를 양육하는 천지(천지은)와 부모(부모은)
그리고, 우리를 보호하는 법(법률은)과 동포(동포은)가
은혜라는 말을 합니다. 그런데,
가난하고 부모에게 학대받아 고통받는
사람들에게는 무어라 말해줄 수 있으신가요?

가난한데 감사할 수 있을까요? 쉽지 않은 일입니다. 그렇다면 불평하고 원망해야 좋을까요? 여기서 중요한 것은 어떤 어려움에 부딪혔을 때 그 일을 어떤 마음으로 처리하는가 입니다. 그 어려움을 통해서 내 삶을 더 나은 방향으로 나갈 수 있게 취사하는 것이 중요합니다. 그렇게 하면 어떻게 될까요?

한가지 예화를 말씀드리겠습니다. 현재의 파나소닉을 설립한 일본의 마스씨타 고노스케에 관한 이야기입니다. 이 사람의 회사인 파나소닉은 전 세계적인 큰 기업입니다. 그렇게 큰 회사를 창업한 그는 5살 때 아버지가 사업에 실패해 곤궁한 생활이 계속되면서 형제 모두를 결핵과 전염병으로 잃고 혼자 살아남았습니다. 그리고 초등학교 4학년 때 학교를 중퇴했습니다. 거기다 몸도 허약했습니다. 가난하고, 몸도 허약하고, 못 배우고 그는 인간이 가질 수 있는 모든 어려움을 가졌습

니다. 그런데 이 사람은 90세가 넘게 살았고, 500여 곳에 직원만 20여만 명인 기업을 가지게 되었습니다. 어떻게 그는 그런 삶을 만들 수 있었을까요? 그의 인터뷰 내용을 들으면 그 답이 나옵니다. 그가 94세 때 한 직원이 그에게 질문을 했습니다.

"회장님은 어떻게 그 자리에 오를 수 있으셨습니까?"

"나는 하늘로부터 입은 은혜 세 가지가 있습니다. 첫 번째는 가난했다는 것입니다. 두 번째는 못 배운 것입니다. 세 번째는 허약했다는 것입니다. 이것이 나에게는 너무나 큰 은혜였습니다. 가난했기 때문에 부지런히 일해야만 잘 사는 법을 배웠고 그래서 부지런히 일하고 노력

원달마센터 산책로

"자신의 의식을 어떻게 갖느냐는 것이
삶의 방향을 정합니다.
'감사함'은 삶을 어떤 상황 속에서도
나아지게 하는 방법 중 하나입니다."

하여 큰 기업을 만들 수 있었습니다. 그리고, 못 배웠기 때문에 늘 모두를 스승으로 알고 열심히 배우려고 노력했습니다. 그래서 기업을 잘 운영할 수 있는 안목을 갖게 되었습니다. 그리고 또한, 허약했으므로 정말로 열심히 건강을 위해서 노력했습니다. 그래서 94살까지 이렇게 살아있습니다."

이 이야기에서 우리는 중요한 것을 볼 수 있습니다. 이 사람은 자신이 처한 어려움을 감사한 마음으로 대처했다는 것입니다.

우리는 이를 통해 자신의 의식을 어떻게 갖느냐에 따라서 삶의 방향이 완전히 달라지게 된다는 것을 알 수 있습니다. '감사함'은 삶을 어떤

상황 속에서도 발전하게 하는 방법의 하나라는 사실을 발견할 수 있습니다. 원망할 일이 있더라도 그 은혜의 근본처를 발견해서 감사하는 일은 자신의 삶을 완전히 달라지게 할 수 있습니다. 은혜의 근본처란 무엇일까요? 아무리 부모가 나를 힘들게 하더라도 부모 없이 어떻게 이 몸이 세상에 나올 수 있었을까를 생각하는 것입니다. 없어서는 내가 존재할 수 없는 것, 은혜의 근본처란 바로 이렇게 나의 존재를, 그리고 생명을 이어갈 수 있게 해주는 그 근본을 알고 인정하는 것입니다. 나의 삶이 가난할 수도 있고, 부모 때문에 힘들 수도 있습니다. 세상을 살다 보면 어려운 일이 정말 많습니다. 원수도 있을 수 있습니다. 그렇지만 그 속에서도 우리는 긍정적 에너지가 샘솟는 방향으로 마음을 돌려야 합니다. 그렇게 할 때 삶을 완전히 다르게 살아갈 수 있기 때문입니다.

# 명상을 무엇 때문에 하나요?

사람은 뿌리를 어디다 내리고 사는지 생각해 보신 적 있나요? 식물들은 뿌리를 어디다 내리고 사는지는 모두 아실 것입니다. 식물은 땅에 뿌리를 내리고 삽니다. 씨앗을 땅에다 심으면 거기서 싹이 트고 자라납니다. 원불교를 창건하신 소태산 대종사께서는 사람은 그 뿌리를 허공에 두고 산다고 하셨습니다. 그 말씀의 뜻은 무엇일까요?

사람의 근본은 몸이 아닌 마음이며, 마음은 허공과 연결되어 있습니다. 그 허공의 속성은 텅 비어 있다는 것입니다. 그리고 땅의 속성은 충만한 것입니다. 땅은 찰질수록 좋습니다. 그러나, 허공은 빈 것이 속성이기 때문에 빌수록 에너지가 더 나옵니다. 허공이 맑고 청명하면 너무나 좋지 않나요? 그런데 만약 과학 문명의 발달로 인해서 미세먼지 같은 것이 많이 나와서 허공을 오염시키게 되면 그 에너지가 가려지게 됩니다. 우리가 명상하는 이유가 여기에 있습니다. 마음은 비울수록 에너지와 생명력이 나오기 때문입니다. 마음을 비울수록 지혜가 나오며, 비울수록 올바른 실천이 나옵니다. 그래서 마음을 비우고 청정하게 하면 그 속에 행복한 마음도 갖게 되고, 평화로운 마음도 갖게 되고, 자비로운 마음도 갖게 되고, 남을 도와주고 싶은 마음도 나오게 됩니다. 그래서 우리는 때때로 마음을 비워내고 청정하게 해야 합니다. 그 방법의 하나가 바로 명상입니다.

명상을 하지 않으면 마음이 좁아질 수 있습니다. 마음이 좁아지면 조그마한 자극에도 마음이 튀어나옵니다. 마음을 넓혀놓으면 어떤 자극에도 흔들림이 없습니다. 명상할 때는 마음이 고요해지고, 고요해지면 맑아지고, 맑아지면 밝아지고, 밝아지면 온통 다 통하게 되어 있습니다. 그 생명력으로 우리는 살아가고 있습니다. 그 생명력으로 또한 만물이 살아가고 있습니다.

허리케인이나 거대한 태풍의 중심을 태풍의 눈이라고 합니다. 그곳은 고요합니다. 고요할수록 그 힘과 파워는 커집니다. 중심이 흐트러지면 힘이 없어집니다. 명상을 통해서 마음을 비우는 것도 같은 원리입니다. 과거의 모든 성자들도 가장 빠르게 체험한 방법으로 앉아서 좌선하는 방법을 선택하셨습니다. 그러나, 명상은 꼭 앉아서만 하는 것이 아니라 서서도 하고 걸으면서도 하고, 일하면서도 하고, 누워서도 할 수 있습니다. 정신만 집중시킬 수 있다면 시간과 장소를 떠나 명상을 할 수 있습니다.

또한, 명상은 빈 마음이 되어가는 하나의 체험임을 알아야 합니다. 지금까지의 많은 종교는 말씀을 통해서 법을 전달했습니다. 그러나 앞으로 돌아오는 시대의 종교는 체험의 종교입니다. 스스로 체험을 통해서 깨달아가야 합니다. 소태산 대종사께서는 깨달으신 후, 함께 공부할 집을 짓고 그곳에 일원상을 모셔 놓고 그 입구에다 '대각전(大覺殿)'이라고 써주셨습니다. 그 뜻은 그 안에서 스스로 깨달음의 체험을 얻어 가라는 뜻이 담겨 있는 것입니다. 어떤 종교학자는 종교는 '깨달음의 체험의 연속'이라고 표현하기도 했습니다.

원불교 초기에 소태산 대종사께서는 원불교를 '대명국영성소'라고 표현하셨습니다. 영성의 집이라는 뜻의 이 초기의 이름은 '대명국 영성소 좌우통달 만물건판 양생소(大明局靈性巢 左右通達 萬物建判 養生所)' 이렇게 17자의 긴 이름이었습니다. 2대 종법사이신 정산 종사께서 후에 '원불교'라고 줄여서 이름을 바꾸셨습니다. 초기 이름에서 우리는 원불교가 영성을 함양하는 곳이라는 뜻이 들어 있음을 알 수 있습니다. 그동안에는 영성을 밖에서 구했습니다. 그러나 21세기인 지금은 밖으로 향하던 방향이 내 안쪽으로 점차 옮겨가고 있습니다. 많은 학자가 21세기는 영성의 시대라고 표현합니다. 또한 어떤 학자들은 IT 산업의 부가가치보다 영성과 명상의 부가가치가 앞으로 더 높아질 것이라고 말합니다. 그것은 당연한 것입니다. IT 산업은 삶의 편리를 도모해주는 사업입니다. 이렇게 물질문명이 찬란하게 발달하여 삶이 편리해지는 시대에는 생각이 너무나 밖으로 향하게 됩니다. 그렇게 되면 우리의 본래 맑은 정신 기운이 굉장히 약해지게 됩니다. 그래서 우리의 본래 맑은 정신 기운을 살려주고 자기 삶의 가치를 드높여 주는 명상이 더욱 필요해집니다. 즉, 과학과 물질이 극도로 발달해가는 세상일수록 많은 사람이 자기 내면의 삶의 가치를 높여가는 일에 관심을 두게 될 것입니다. 자신 삶의 생명력을 다시 재생시키고, 지혜를 밝혀내고, 현실 생활에 돌아가서 더 활동력 있게 살아가려고 노력할 것입니다. 그런 사람들이 많아지면 많아질수록 명상의 가치가 대단히 중요하게 드러나게 되는 것입니다. 그렇게 명상하는 사람이 늘어날수록 우리 사회는 점점 좋아질 것입니다.

더 본질적으로 설명하면 명상하고 선을 하고 마음공부를 하는 이유는 결국 하나를 깨닫기 위해서 입니다. 의식의 세계에서는 절대 그 세계를 짐작할 수 없습니다. 그것은 의식의 세계에서 잠재의식의 세계로 들어가고 잠재의식에서 더 깊은 무의식 세계로 들어가는 것입니다. 그것은 누가 말로 해서 알 수 있는 것이 아니라 깊은 명상을 통해서 체험할 수 있는 것입니다. 천만 가지로 경전에 다 밝혀놓으셨어도 그것을 직접 줄 수는 없습니다. 다만 안내해 줄 뿐입니다. 명상의 핵심은 바로 생각 너머의 세계로 들어가는 체험입니다. 우리는 너무나 많은 것을 보고 듣는 감각의 세계에서 삽니다. 감각의 세계는 과학 문명이 발달한 세계일수록 더욱 현란해지고 그만큼 우리의 의식 세계는 좁아지게 됩니다. 그래서 명상을 해야 합니다. 깊은 명상의 세계에 들어가면 무아를 체험할 수 있습니다. 그것을 무아(無我)라고도 하고, 진공(眞空)이라고도 하고, 여래(如來)라고도 표현을 합니다. 여러 가지로 표현하지만, 그 핵심은 하나입니다. 바로 개체적인 '나'의 세계에서 '전체'의 세계로 들어가는 것입니다. 이것이 불교의 핵심입니다. 부처님께서 8만 4천 가지로 법문을 해주셨는데, 그것을 딱 하나로 정의하면 마음 '심(心)'자 하나입니다. 일체가 이 마음으로 된 줄을 아는 것이 불교의 핵심인 마음의 원리를 아는 것입니다. 몸을 움직이는 원리가 마음에 들어 있다는 것입니다. 그러므로 마음을 챙기지 않고 불교 공부를 할 수 없습니다. 그 마음을 챙기는 기본적인 방법의 하나가 명상이며, 선(禪)인 것입니다. 원불교에서는 그 선(禪)을 앉아서만 하는 것이 아니라 생활 속에서도 할 수 있다고 말씀하셨습니다. 시간과 공간을 떠나 언제 어디서나 선을 할 수 있다고 가르쳐 주신 수행 방법이 바로 원불교의 6'무시선·무처선' 공부법입니다.

---

6 **무시선 무처선 [無時禪無處禪]** 때와 장소를 가리지 않고 한결같이 선을 하라는 말로 원불교 수행의 가장 핵심적인 내용을 밝힌 표어. 무시선 무처선의 요지는 "육근이 무사(無事)하면 잡념을 제거하고 일심을 양성하며, 육근이 유사(有事)하면 불의를 제거하고 정의를 양성하라"(《정전》 무시선법)

"여러분 모두 마음의 방을 하나 마련했으면 좋겠습니다.
자신의 마음에 하나의 방을 마련해 놓고
외부에 큰 경계가 없을 때는 그 마음 방에 들어가
편안히 쉬시기 바랍니다.
그 방은 명상의 방입니다.
여러 가지 번거한 생각이 일어날 때 빨리 그곳에 가서 쉬고,
상황에 따라서 마음을 내서 쓰면 됩니다."

원달마센터 일원홀

# 명상 호흡은
# 어떻게 해야 하나요?

우리 생명이 어디에 달려있나요? 호흡입니다. 호흡은 굉장히 중요합니다. 여기서 알아두어야 할 중요한 것이 있습니다. 보통 사람들은 호흡하면 그냥 산소를 들이키고 이산화탄소를 내뿜는 상태를 생각합니다. 그런데 호흡은 우리 생명을 유지하기도 하지만 좀 더 깊이 생각해 보면 이 우주의 진리와 기운이 나의 호흡을 통해서 내 몸에 들어왔다 나갔다 하는 것입니다. 그러하기에 사람의 호흡은 대단히 중요한 일입니다. 당연히 그 방법도 중요합니다. 운동할 때, 춤을 출 때, 산행할 때, 일을 할 때 모두 호흡을 잘 조절하는 것이 중요합니다. 예를 들어 등산할 때, 올라갈 때의 호흡과 내려올 때의 호흡은 그 장단이 달라져야 합니다. 올라갈 때 호흡을 내려올 때 하게 되면 몸이 굉장히 힘들어집니다. 이와 마찬가지로 명상할 때도 호흡이 중요합니다. 여러 가지 호흡법이 있지만 간단히 얘기하면 호흡법을 두 가지로 나눌 수 있습니다. 내쉬는 숨을 길게 쉬느냐, 들이쉬는 숨을 길게 쉬느냐 이 두 가지입니다. 요가 할 때와 같이 몸을 이완시킬 때는 내쉬는 숨을 길게 쉬어야 합니다. 염불할 때는 들이쉬는 숨을 작고 강하게 하고 내쉬는 숨은 길고 가늘게 내쉬어야 합니다. 몸을 이완시킬 때는 호흡을 길게 내뿜고, 안으로 기를 축적할 때는 들이쉬는 숨을 길고 강하게 해야 합니다. 그래서 소태산 대종사께서 단전호흡으로 좌선할 때는 호흡은 고르게 하되 들이쉬는 숨은 약간 길고 강하게 하라고 하셨습니다. 그런데 호흡은 사람에 따라 다릅니다. 태생적으로 호흡이 긴 사람이 있고 짧은 사람도 있습니다. 그건 몸의 상태에 따라서 조금씩 달라질 수 있습니다. 호흡조절도 몸의 상태에 따라서 조금씩 다를 수는 있습니다. 초보자가 명상할 때는 호흡이 상당히 중요하지만, 공부해가면서는 호흡에 너무나 얽매이면 안 됩니다. 일심을 집중시키기 위해서 호흡을 조절하는 것이기 때문입니다. 마음 하나를 잘 챙기기 위해서 그렇게 하는 것입니다. 핵심은 마음을 챙기는 데 있습니다. 다른 말로 표현하면 일심을 모으는 데 있는 것입니다. 깨달음의 세계에 들어가고 진리의 세계에 들어가는 열쇠는 딱 하나입니다. 무엇일까요? 그것은 바로 '일심'입니다. 일심이 진리를 뚫고 들어가는 열쇠입니다. 핵심은 거기에 있으므로 호흡을 챙기되 나중에는 호흡까지도 놓아버려야 합니다. 살아있는 모든 사람은 자동으로 호흡이 들어왔다 나갔다 합니다. 깊은 명상의 세계에 들어가면 몸이 스스로 알아서 호흡을 조절해서 들어왔다 나갔다 합니다. 몸은 하나의 통로가 되어 자연스럽게 호흡이 깊게 들어왔다 나갔다 합니다. 그러나 초보자는 호흡에 집중할 필요가 있습니다. 그래서 초보자에게는 들숨과 날숨의 숫자를 세는 수식관의 호흡법이 필요하기도 합니다. 초보자는 계속 일어나는 잡념을 놓기 위해 오직 호흡에만 집중할 필요가 있기 때문입니다.

# 일상 생활을 유지하면서 명상을 잘하려면 현실적으로 하루에 몇 시간 해야 할까요?

직장을 다니고 하루 생활을 하는 삶 속에서 본인이 낼 수 있는 시간이 얼마인가요? 30분 정도 시간을 낼 수 있다고 대답한다면 30분 하는 것입니다. 30분을 할 수 있으면 30분, 15분 할 수 있으면 15분을 하면 됩니다. 그런데 할 수 있다면 하루에 1시간 정도 하는 것이 좋습니다. 그러나, 원불교에서는 명상은 앉아서만 하는 것이 아니라 걸으면서도 하는 것이고, 일하면서도 하는 것이고, 사람을 대하면서도 하는 것이라고 가르칩니다. 앉아서 하는 명상은 그 체험을 통해서 명상의 리듬을 배우는 것이라고 생각하면 됩니다.

저는 자라면서 동생들과 같이 한 방을 썼습니다. 그런데 어느 날 제 방이 하나 생겼습니다. 다른 데 방해를 안 받고 너무나 좋았습니다. 여러분 모두도 이 마음의 방을 하나 마련했으면 좋겠습니다. 자신의 마음에 하나의 방을 마련해 놓고 외부에 큰 경계가 없을 때는 그 마음 방에 들어가 편안히 쉬시기 바랍니다. 그 방이 명상의 방입니다. 큰 마음공부를 위해서 암자로 들어가는 분들이 있습니다. 그런데 세상으로 나오면 다시 경계에 흐트러집니다. 그래서 일상생활을 하면서 명상을 통해서 자기 안에 휴식을 취할 수 있는 마음의 방을 마련해 놓는 것이 중요합니다. 그것을 '휴휴암'이라고 합니다. 여러 가지 번거한 생각이 일어날 때 빨리 그곳에 가서 쉬고, 그러고 나서 상황에 따라서 마음을 내서 쓰면 됩니다. 그러면 자동으로 생활의 균형과 리듬이 맞춰질 것입니다.

운동을 해야겠다는 마음도 있고, 학교 수업도
받으며 열심히 공부해야겠다는 마음도 강하게
있습니다. 그런데, 마음공부를 해야겠다
수행을 해야겠다 하는 마음은 강하게 일어나지
않습니다. 마음공부를 통해서 내가 깨달음을
얻을 수 있을까 하는 의심이 있어서 그런 것
같습니다. 어떻게 이 마음을 바꿀 수 있을까요?

열심히 하면 누구나 깨달을 수 있습니다. 깨달은 분들도 다 열심히 하셔서 그렇게 되신 것입니다. 일단 그것을 믿으시기 바랍니다. 그리고 운동을 열심히 해야겠다는 마음을 가졌다고 했는데, 운동과 마음수행을 둘로 생각하지 마시기 바랍니다. 대부분의 사람들은 생활과 마음공부를 따로 생각합니다. 그래서 마음공부와 수행이 우리가 살아가는 삶과는 분리된 공부라 생각합니다. 하지만 그렇지 않습니다.

사람은 두 가지로 작용하는 시스템에 의해서 움직여갑니다. 정신적 작용과 육체적 작용입니다. 육체적인 작용을 우리는 활동이라는 말로 표현합니다. 사람은 활동하지 않으면 살아갈 수 없습니다. 그런데 이 활동을 좌우하는 것이 바로 정신적 작용입니다. 일반적으로 이 정신작용을 신념이라고 표현합니다. 세상을 살아가는데 신념과 활동은 두가지 중심축입니다. 둘은 떨어져 있지 않습니다. 사람은 반드시 신념에 의해서 활동해 나가기 때문입니다. 그런데 이 신념이 약하거나 잘못되면 허망한 활동을 할 수 있습니다. 그렇기에 종교에서는 그 신념을 진리에 뿌리내리도록 돕습니다. 그것을 신앙이라고 표현합니다. 과거의 수행은 정적인 정신수련을 많이 강조했습니다. 그리고 생활을 떠나서 하는 수련을 수행이라고 많이 표현했던 것 같습니다. 그런데 원불교에서는 활동 자체가 공부라고 가르칩니다. 생활과 수행을 둘로 나누지 않고 생활 속에서 수행을 하도록 합니다. 진리에 바탕하여 활동하면 생활 전부가 수행으로 변화 될 수 있습니다. 그래서 소태산 대종사께서는 '일상 수행'이라는 표현을 하셨습니다. 그리고 앞에서도 이야기했듯이 시간과 장소에 구애 받지 않는 선을 하는 공부법인 '무시선·무처선'과 활동할 때와 활동하지 않을 때가 둘이 아닌 '동정간 불이선'을 공부 표준의 하나로 밝혀 주셨습니다. 운동할 때는 운동에만 일심으로 집중해서 열심히 하는 것이 '운동 수행'입니다. 공부할 때는 공부에만 집중해서 열심히 하는 게 '공부 수행'입니다. 그런 마음으로 생활하게 되면 활동이 없을 때, 조용히 앉아서 명상을 하더라도 더 깊이 들어갈 수 있습니다. 그리고 그렇게 정적인 명상을 많이 하면 또한 활동을 할 때 집중이 잘 됩니다. 그렇게 동과 정이 같이 맞물려 움직여갑니다. 그러니 운동과 마음 수행을 둘로 생각하지 말고 공부해가시기 바랍니다.

그리고 내가 존재하는 이유, 우리가 살아가는 근본적인 이유와 어떻게 사는 것이 잘 사는 것인가를 깊이 숙고해 보시기 바랍니다. 신앙과 수행은 다른 것이 아니라 이것을 알고 깨닫고 삶을 제대로 살자는 것입니다. 종교의 핵심 역할이 여기에 있음을 깊이 성찰해 보시기 바랍니다.

원달마센터 마늘밭 농사

"명상은 꼭 앉아서만 하는 것이 아니라 서서도 하고 또,
걸으면서도 하고, 일하면서도 하고, 누워서도 할 수 있습니다.
정신만 집중시킬 수 있다면 시간과 장소를 떠나 명상을 할 수 있습니다.
시간과 공간을 떠나 언제 어디서나 선을 할 수 있다고 가르쳐 주신
원불교의 수행 방법이 바로 '무시선·무처선' 공부법입니다."

# 마음챙김(Mindfulness)이 무엇이며, 어떻게 챙기는 것인가요?

불교에서는 몸은 업으로 뭉쳐진 하나의 집합체라 봅니다. 그리고 그 몸은 여러 관계 속에서 움직여가면서 살아갑니다. 그런데 그 몸을 움직이는 원리는 다 마음에 들어 있습니다. 그렇기 때문에 마음을 챙기지 않고 불교 공부를 할 수 없습니다. 불교 공부의 시작은 마음을 챙기는 것에서부터 시작합니다. 원불교를 창건하신 소태산대종사께도 수행은 마음을 챙기는 데서부터 시작된다고 하셨습니다. 마음은 보이지도 않고 흔적도 없습니다. 그러나 그 흔적 없는 가운데 무수한 생각이 일어납니다. 그렇기 때문에 마음을 챙겨야 합니다. 앞에서 망아지 길들이는 이야기로 비유하기도 했지만, 그것은 마치 아이를 기르는 것과도 같습니다. 아이가 태어나면 엄마는 한눈을 팔지 않고 계속 그 아이를 지켜봐야 합니다. 지켜보지 않으면 그 아이를 위험에 빠뜨릴 수 있습니다. 그래서 끊임없이 아이를 살펴봅니다. 그리고 아이가 조금 성장하면 영역을 정하여 놓고 대체로 그 안에서는 자유롭게 놓아두고 살

퍼봅니다. 그리고 더 자라나 성인으로 성장하게 되면 스스로 살아가게 둡니다. 처음 마음공부를 하는 사람들은 마치 엄마가 어린아이를 살피며 기르듯이 그렇게 늘 마음을 살펴봐야 합니다. 잠깐만 마음을 놓아버리면 그 마음이 사방팔방으로 돌아다닙니다. 그리고 점차 공부가 깊어지면 어느 정도 테두리를 두고 마음을 살펴보고, 그렇게 좀 자란 아이를 돌보듯이 해 가야 합니다.

그리고 마음챙김에서 중요한 것은 그 근본 마음의 원리를 깨닫는 데 초점을 맞춰야 한다는 것입니다. 깨달음으로 깊이 들어가지 못하면 오히려 마음챙김이 에고와 고집을 강화시킬 수 있기 때문입니다. 그래서 마음을 챙길 때는 늘 '무아(無我),' 내가 없는 자리를 비춰봐야 합니다. 우리 마음은 어떤 것을 규격 짓기를 좋아합니다. 틀을 지어 나누고 분류하기를 좋아하기 때문에 마음을 챙기되 흔적없는 마음자리에 바탕하여 유념할 줄 알아야 합니다. 그 핵심을 육조대사(六祖大師)는 7'응무소주이생기심(應無所住而生其心)'으로 말씀해주셨습니다.

마음을 내서 쓰되 분별과 집착함 없이 마음을 내야됩니다. 이것은 금강경의 핵심이기도 합니다. 그렇기 때문에 공부하는 사람은 마음을 챙기지 않고 공부할 수가 없습니다.

소태산 대종사께서도 마음챙김 수행인 8유념공부를 대단히 중요하

---

**7 응무소주이생기심(應無所住而生其心)** 천만 경계를 응용하되 집착함이 없이 그 마음을 작용하는 것, 어느 것에도 마음이 머물지 않게 하여 그 마음을 일으키라는 말. 무주심(無住心)·비심(非心)이라고도 한다. 《금강경》

**8 유념공부[有念工夫]** 일상생활에서 육근(눈,귀,코,입,몸,마음)을 작용하는 모든 행위를 할 때 방심하지 않고, 바른 생각으로 행하자는 것으로 이를 공부 삼아 항상 유념하기를 잊지 말자는 공부법.

게 생각하셨습니다. 과학 문명이 발달하면서 우리의 마음은 예전보다 더 엄청난 위험과 많은 경계 속에 노출되어 살게 된다고 밝혀주셨습니다. 그러므로 마음을 챙기지 않으면 엄청난 재앙과 정신적 혼란을 겪게 된다고 말씀해 주셨습니다. 그래서 과학이 발달한 현대를 살아가는 우리 모두에게 마음챙김은 대단히 중요하다는 사실을 깊이 자각하고 챙겨나가야 할 것입니다.

# 늘 온전한 마음으로 살아가려면
# 어떻게 해야 하나요?
# 그리고, 무엇을 얻을 수 있나요?

온전한 마음을 갖는다는 것은 곧, [9]취사(取捨)를 잘하기 위한 것입니다. 우리가 모든 일을 할 때 취할 것과 버릴 것을 잘 분별하여 행하는 것입니다. 우리의 눈과 귀와 코와 입과 몸과 마음, 이 육근을 사용할 때 옳은 일은 취하고 그른 일은 버리는 행동이 원불교에서 말하는 작업취사(作業取捨)입니다. 그리고, 일 없을 때는 온전한 마음을 잘 챙기고, 일 있을 때는 온전한 마음으로 잘 취사하며 살아가는 일입니다. 여기서 주목해야 하는 것이 하나 있습니다. 육근이 움직이는 그 순간은 바로 현재라는 것입니다. 사람은 오직 현재에 살아갑니다. 그러므로 마음공부는 과거에 하는 것도 아니고, 미래에 하는 것도 아니고, 오로지 현재에 하는 것입니다. 현재에 내 몸과 마음을 사용하는데 온전한 생각으

---

**9 취사[取捨]** 취하고 버림. 부처의 인격에 이르도록 하는 세 가지 원불교의 대표적 수행교리인 삼학 '정신수양(精神修養) · 사리연구(事理研究) · 작업취사(作業取捨)'중 하나인 '작업취사'의 준말. 작업취사에서의 취사는 '정의는 취하고 불의는 버리는 것'을 의미한다.

로 취사하는 것이 바로 늘 마음을 챙기며 살아가는 길입니다.

이 챙기는 마음을 원불교에서는 10유무념(有無念) 대조법으로 점검하게 합니다. 유무념 대조법은 원불교 소태산 대종사께서 밝혀주신 수행 방법의 하나입니다. 이 유무념 공부란 실행하자는 조목과 실행하지 않아야 할 조목에 취사하는 주의심을 가지고 한 것을 유념이라 하고, 취사하는 주의심이 없이 한 것은 무념이라 합니다. 처음에는 일이 잘되었든지 못되었든지 취사하는 주의심을 놓고 안 놓은 것으로 대중을 잡아 점검을 하지만, 공부가 깊어 가면 일이 잘되고 못된 것으로 기준을 삼으라고 말씀해 주셨습니다. 그날 하루의 유무념 처리와 학습 상황과 계문의 범과 유무를 반성하기 위해 하루 일과를 마치고 쓰도록 하신 원불교의 11상시일기의 핵심도 바로 유무념 점검이 그 중심에 있습니다. 소태산 대종사께서는 온전, 생각, 취사라고 공부법을 알려주셨는데, 이것은 12삼학(三學)을 하나로 묶어 놓으신 것입니다. 먼저 온전하기 위해서 멈추고(정신수양), 멈춘 상태에서 어떻게 할까 생각하고

---

**10 유무념[有無念]대조법** 심신을 작용할 때 유념으로 처리했는지 무념으로 처리했는지 대조하여 공부하는 법. 유념 또는 무념으로 처리한 번수를 조사하여 기재하게 함으로써 일상의 삶이 공부의 표준에 맞게 이루어지도록 한다.

**11 상시일기[常時日記]** 원불교 훈련 11과목 중 취사과목으로 상시로 삼학의 병진을 대조하는 일기. "재가 · 출가와 유무식을 막론하고 그날 하루의 유무념 처리와 학습 상황과 계문에 범과 유무를 반성하기 위한 일기"(《정전》 수행편). 상시일기의 그 구체적인 내용은 ① 유무념 대조공부 : 하기로 한 일과 하지 않기로 한일을 잊지 않고 실행하였는지 점검하는 공부. 유념은 하자는 조목과 말자는 조목에 주의심을 가지고 한 것이고, 무념은 주의심이 없이 한 것. ② 학습 상황 : 당일의 수양과 연구의 학습상황을 대조하는 것. ③ 계문의 범과 유무 : 원불교 30계문을 생활에 대조하여 범한 번수를 기재하는 것.

**12 삼학[三學]** 삼학은 정신수양(精神修養) · 사리연구(事理研究) · 작업취사(作業取捨)이며, 부처의 인격에 이르도록 하는 길로 원불교의 대표적 수행교리 가운데 하나이다.

(사리연구), 그리고 결단을 내리고 그 결정을 행동합니다(작업취사). 처음에는 이렇게 세 단계로 합니다. 그런데 중요한 것은 온전한 생각을 하려면 일단 처음에는 마음이 멈춰야 한다는 것입니다. 마음공부는 '멈춤'으로부터 시작하는 것입니다. 그런데 나중에 이 삼학 공부가 익숙해지면 온전, 생각, 취사가 하나임을 알게 됩니다. 원불교에는 [13]일상 수행의 요법이 있습니다. 그 법의 내용을 잘 설명해주신 대종경 수행품 1장 본문을 보면, 대종사 말씀하시기를 '내가 그대들에게 일상 수행의 요법을 조석으로 외게 하는 것은 그 글만 외라는 것이 아니요, 그 뜻을 새겨서 마음에 대조하라는 것이니, 대체로는 날로 한 번씩 대조하고 세밀히는 경계를 대할 때마다 잘 살피라는 것이라, 곧 심지(心地)에 요란함이 있었는가 없었는가, 심지에 어리석음이 있었는가 없었는가, 심지에 그름이 있었는가 없었는가, 신·분·의·성의 추진이 있었는가 없었는가, 감사 생활을 하였는가 못하였는가, 자력 생활을 하였는가 못하였는가, 성심으로 배웠는가 못 배웠는가, 성심으로 가르쳤는가 못 가르쳤는가, 남에게 유익을 주었는가 못 주었는가를 대조하고 또 대조하며 챙기고 또 챙겨서 필경은 챙기지 아니하여도 저절로 되어지는 경지에

---

**13 일상수행의 요법[日常修行·要法]** 원불교인들이 일상생활 속에서 수행해 가는 지침으로 삼도록 한 9개의 요목. 교강9조(教綱九條)라고도 한다. 일상수행의 요법은 《정전》 수행편의 맨 앞에 위치하여, 원불교 교리의 전반을 수행화(修行化)하도록 9개 조항으로 간추렸다. 그 내용은 ① 심지는 원래 요란함이 없건마는 경계를 따라 있어지나니 그 요란함을 없게 하는 것으로써 자성의 정을 세우자. ② 심지는 원래 어리석음이 없건마는 경계를 따라 있어지나니 그 어리석음을 없게 하는 것으로써 자성의 혜를 세우자. ③ 심지는 원래 그름이 없건마는 경계를 따라 있어지나니 그 그름을 없게 하는 것으로써 자성의 계를 세우자. ④ 신과 분과 의와 성으로써 불신과 탐욕과 나와 우를 제거하자. ⑤ 원망생활을 감사생활로 돌리자. ⑥ 타력생활을 자력생활로 돌리자. ⑦ 배울 줄 모르는 사람을 잘 배우는 사람으로 돌리자. ⑧ 가르칠 줄 모르는 사람을 잘 가르치는 사람으로 돌리자. ⑨ 공익심 없는 사람을 공익심 있는 사람으로 돌리자.

까지 도달하라 함이니라. 사람의 마음은 지극히 미묘하여 잡으면 있어지고 놓으면 없어진다 하였나니, 챙기지 아니하고 어찌 그 마음을 닦을 수 있으리오. 그러므로, 나는 또한 이 챙기는 마음을 실현시키기 위하여 '상시 응용 주의 사항'과 '교당 내왕시 주의 사항'을 정하였고 그것을 조사하기 위하여 일기법을 두어 물 샐 틈 없이 그 수행 방법을 지도하였나니 그대들은 이 법대로 부지런히 공부하여 하루 속히 초범(超凡) 입성(入聖)의 큰일을 성취할지어다.'라고 밝혀 주십니다.

이 안에 온전한 마음으로 살아가는 방법도 전부 다 들어있습니다. 처음에 공부할 때는 하루 생활하는 동안 자기가 챙길 조목을 정하는 것이 중요합니다. 또한, 처음에는 시간을 정해서 챙기는 것도 좋습니다. 예를 들어 오전 7시가 되면 내가 꼭 한번 마음을 챙겨서 하도록 하겠다 이렇게 한 번 해보고, 다음에 오후 12시가 되면 마음을 한 번 더 챙기고, 또 다음에는 오후 4시가 되면 한 번 더 마음을 챙기겠다. 그리고, 저녁 9시가 되면 또 마음을 챙기겠다. 이렇게 점진적으로 하루 4번 정도 정해놓고 챙겼는가 못 챙겼는가를 보면 좋습니다. 그렇게 한 달이나 두 달 석 달 챙겨가다 보면 나중에는 자동으로 챙기지 않아도 그 시간이 되면 딱 마음이 챙겨지게 될 것입니다. 그때부터는 일을 하나씩 정해서 내가 이 일을 할 때는 이렇게 챙겨야겠다. 이렇게 일로 마음을 챙깁니다. 그래서 그 일이 자동으로 챙겨지면 그때부터는 일상생활 속에서 부딪치게 되는 모든 일들 속에서 경계(境界)를 대할 때마다 마음을 챙기면 됩니다. 이렇게 하루동안 마음을 챙기며 살고, 저녁에는 그걸 점검하는 공부가 바로 일상 중에 늘 온전한 마음을 챙기는 원불교

[14]상시훈련법이며, 그것을 기재하는 것이 상시일기 기재의 수행입니다.

그런데 무엇을 챙겨야 할까요? 마음공부를 하려면 그것을 알아야 합니다. 그것은 바로 본래 마음인 심지(心地)에 요란함이 있었는가 없었는가를 대조하며 챙기는 것입니다. 여기서 요란함이 없는 마음자리가 중요합니다. 그런데 여기서 또 중요한 것이 있습니다. 그 요란함의 기준이 사람의 품성과 능력의 정도인 근기(根機)에 따라 다를 수 있다는 것입니다. 명상과 선의 체험에 따라서 다르게 나타날 수 있습니다. 그래서 정기적으로 훈련원의 정기훈련 프로그램에 참가해서 깊은 선의 체험을 할 필요가 있습니다. 그것이 원불교 [15]정기훈련법이 있는 이유입니다. 그런 사람은 경계를 대할 때 반드시 자기가 체험한 그곳에 대조를 하므로 그 수행의 깊이가 깊고 넓어집니다. 그런 체험이 없다면 얕은 데다가 대조하게 됩니다. 이것은 분별로써 분별을 대조하는 상황을 만들 수 있습니다. 분별로써 분별을 대조하면 공부에 근본적인 변화가 오기 쉽지 않습니다. 2년 하고 3년 하는데 대조하고 또 범하고, 대조하고 또 범하고, 또 대조하고 범하고 그런

---

**14 상시훈련법 [常時訓練法]** 평상시 심신을 수행 단련하는 것. 시간이나 장소를 따로 정해놓지 않고 언제 어디서나 훈련 적공하는 수행법. 정기훈련에 상대되는 말로서, 일상생활 속에서 언제나 수행을 훈련하는 법.

**15 정기훈련법[定期訓練法]** 정(靜)할 때 곧 일정한 기간, 일정한 훈련 장소에서 정기훈련과목을 통하여 법(法)의 훈련을 받아 삼학수행을 전문적으로 단련하게 하는 공부법. 정기훈련과목은 총 11과목으로 정해져 있어서 이를 정기훈련 11과목이라고도 한다. 염불·좌선은 정신수양 훈련 과목, 경전·강연·회화·의두·성리·정기일기는 사리연구 훈련 과목, 상시일기·주의·조행은 작업취사 훈련 과목이다.

삶을 반복적으로 살아가게 됩니다. 그래서 마음의 깊이를 깊게 만들어 주어야 합니다. 그렇게 되기 위해서는 마음 훈련원의 정기훈련에 참가해서 본인이 그쪽으로 공을 들여야 하고 또한, 아침과 저녁으로 매일 그 쪽에 공을 들여야 합니다. 그래서 어느 날 깊게 선을 체험하게 되면, 마음 작용하는 심법이 달라지고 모습이 달라집니다.

그런데 여기서 중요한 것이 하나 있습니다. 가만히 앉아서 하는 명상이나 좌선만 열심히 하면 된다고 생각할 수 있는데 원불교에서는 때와 장소를 가리지 않고 한결같이 선을 하라는 '무시선·무처선(無時禪無處禪)'이 수행의 가장 핵심적인 내용이라는 것입니다. 아침과 저녁 좌선이나 명상, 염불 시간만이 아니라 낮에 일터에서 살아갈 때도 유념을 하고 살아야 한다는 가르침입니다. 이렇게 해나갈 때, 어질러 놓고 청소하고 다시 어질러 놓고 치우고, 또 어질러 놓고 치우고 그렇게 하는 공부에서 벗어날 수 있을 것입니다. 청소를 잘하는 사람은 평소에 정리를 잘 할 줄 아는 사람입니다. 그때 그때 잘 정리해 놓는 것이 중요합니다. 마음공부도 마찬가지입니다. 이것이 시간과 장소를 가리지 않고 마음을 챙기며 살아가는 '무시선·무처선' 공부인의 모습입니다. 이렇게 살아가면 계획한 일들에 좋은 성과가 나올 것이며, 인간관계도 좋아질 것입니다.

그래도 살아가면서 먼지가 나올 수 있습니다. 문을 닫아놓고 그 안에 혼자 가만히 앉아만 있어도 바닥을 보면 먼지가 떨어져 있습니다. 자기 몸에서 떨어져 나온 먼지가 반드시 있기 때문입니다. 그렇기 때문에 한 번씩 청소를 해주어야 합니다. 마음공부도 역시 똑같습니다.

우리 인간은 사회 속에서 함께 살아가기 때문에 나 혼자의 청소만으로 되지 않습니다. 예를 들어 TV에서 너무나 충격적인 사건을 한 번 소개했다면 처음에는 어떻게 사람이 저럴 수 있느냐 하면서 너무나 놀라고 충격을 받습니다. 그런데 이런 사건이 자꾸 일어나고 그래서 자주 보고 듣게 되면 담담해집니다. 내 의식이 나도 모르는 가운데 오염이 된 것입니다. 나중에는 당연히 일어나는 일이라고까지 생각하게 됩니다. 마음이 상당히 오염이 된 상태입니다. 우리는 현재 이런 사회 속에서 살아가고 있습니다. 이것이 내 마음을 챙기고, 모두가 함께 마음 공부할 수 있도록 노력해야 하는 이유입니다. 챙기는 마음을 통해서 세상에 유용한 사람이 되고, 종교를 믿음으로써 세상에 유익을 주는 사람이 되어야 합니다. 이것이 소태산 대종사와 모든 성자들께서 염원하시는 일입니다.

# 원불교의 상시, 정기일기법이 마음공부에 어떻게 도움이 되나요?

일기가 어째서 마음공부에 도움이 될까요? 어떤 공부도 마찬가지입니다. 어떤 사안에 대해서 정확히 파악하고 잊지 않고 염두에 두고 챙겨나가려면 기록 같이 좋은 방법이 없다는 생각을 하게 됩니다. 그래서 자신의 마음을 점검하고 기재하는 일기법은 마음공부에 대단히 유용한 방법입니다. 혹시 '메타인지'라는 말을 들어보셨나요? 본인이 제삼자가 되어서 자기 자신을 바라보는 상태를 말한다고 합니다. 자신이 무엇을 잘하고, 무엇을 못하는지 아는 인지능력을 말합니다. 그래서 메타인지를 가진 사람이 아주 공부를 잘한다고 합니다. 자기 자신이 무엇을 더 노력해야 하는지 아주 정확히 보기 때문입니다. 그 메타인지를 높이는 방법의 하나가 바로 기록하는 것입니다. 자기의 모습을 기록해 놓고 그것을 제 삼자가 되어서 바라보는 일이 바로 일기 기재입니다. 드라마나 영화를 만드는 감독도 촬영하고 끊임없이 모니터링을 합니다. 촬영한 영상을 보면서 계속 점검하고 또 점검을 하면서 점진적으로 부족한 것을 채우고 과한 것은 덜어내며 완벽하게 바꾸어 나갑니다. 원불교의 소태산 대종사께서 알려주신 이 일기법의 방법도 우리가 살아가면서 행한 모든 몸과 마음의 작용을 그렇게 적어놓고 모니터링 하는 일이라고 생각하면 됩니다. 그렇기 때문에 이 공부를 하면 자기가 객관적으로 자기 삶을 바라볼 수 있는 힘이 생기며, 그래서 자기 삶을 바꾸어 나갈 수 있게 됩니다. 만사를 성공시키는 사람들은 많은 부분에서 이런 방법을 사용합니다. 공부도 마찬가지이고 사업도 마찬가지입니다.

무슨 일을 할 때 세 가지 중요한 것이 있습니다. 첫째는 시작 이전에 먼저 준비하는 것이고, 둘째는 일할 때는 집중하는 것이고, 세번째는 다시 복습하고 점검하는 것입니다. 이것이 원불교 상시일기, 정기일기법의 내용이기도 합니다. 일을 하면서 미리 내가 어떻게 할 것인가 준비해 놓으면 직접 일을 실행할 때 훨씬 집중력이 높아집니다. 그리고, 그 일을 마치고 나서는 복습하면서 자기가 한 일 중에 어느 것은 잘했고, 어느 것은 잘못했가를 정확히 구분하면 그 다음에는 그것을 고쳐나갈 수 있습니다. 그래서 복습은 복습이 아니라 곧 준비가 됩니다. 이것이 공부의 순환 원리이며 상시일기를 기재하는 이유입니다. 아침에 준비를 해서 하루를 시작하고, 낮에는 집중해서 삶을 잘 살아가고, 저녁에는 복습하면서 점검을 통해 다시 내일을 준비하는 것입니다.

몇 년 전 한국에 '세 줄 일기 쓰기'라는 책이 나왔습니다. 이 일기는 간단하게 세 줄을 기재하는 것입니다. 하루를 돌아보고 잘한 일이 무엇인가 간단히 적고, 내가 잘못한 일이 무엇인가 간단하게 적고, 내일은 어떻게 살아갈 것인가를 간단하게 적는 일기입니다. 길게 적을 필요도 없습니다. 이 일기를 아이들에게 적용을 해보았습니다. 21일간 기재시켰는데 아이들이 엄청나게 달라졌다고 합니다. 왜 달라졌을까요? 자기 삶을 살펴보았기 때문입니다. 내가 잘한 일이 무엇인가 하루를 쭉 살펴보고, 잘못한 것이 무엇인가를 살펴본 것입니다. 그러면서 아이들의 마음 속에 어떻게 살아야겠다는 '자각'이 생겨난 것입니다. 사람은 자각이 생기면서부터 발전하기 시작합니다. 마음공부도 마찬가지입니다. 자각에서부터 시작됩니다. 그래서 일기 기재의 중요성을 많은 사람이 이야기하고 있습니다.

　역사 기록도 마찬가지입니다. 역사가 없는 민족은 미래가 없다고 합니다. 그런데 역사도 역시 기록입니다. 마찬가지로 자신의 삶을 그대로 기재해서 객관적으로 자신의 생활을 바라볼 수 있다면 삶에 엄청난 변화가 일어날 수 있습니다. 소태산 대종사께서는 챙기는 마음을 이렇게 일기 기재를 통해서 점검해 나가도록 하셨습니다. 정확히 자기 자신을 기재할 수 있다면 확실히 엄청난 효과를 볼 수 있을 것입니다. 다만 형상 없는 마음의 움직임을 기재한다는 것이 처음에는 쉽지 않을 것입니다. 사람의 마음은 참 신기한 것이기 때문입니다. 아무 생각없이 하루를 활동하는 것 같은데, 하루를 지내고 생각해보면 신령스럽게 알고 있는 16영지가 있다는 것을 알 수 있습니다. 그것은 마치 꿈을 꾸는 것과 같습니다. 내가 꿈속에서 왔다 갔다 합니다. 그런데 그 꿈을 가

---

**16 영지[靈知]** (1) 신령스럽게 앎. 신령스러운 지혜. (2) 진리의 소소영령(昭昭靈靈)함을 나타내는 말. (3) 정신에서 발현되는 지혜. 마음에 분별과 주착이 없는 가운데 영묘하게 앎이 나타나는 것.

만히 바라보는 내가 또 있습니다. 그것을 우리는 영지라고 합니다. 영지가 있어서 객관적으로 '나'를 정확히 바라볼 수 있습니다. 현실 삶의 원리도 이와 같습니다. 일기 기재를 통해 자신의 행동과 마음 작용을 그대로 객관적으로 한번 깊이 살펴보시기를 바랍니다. 그러면 삶이 이전보다 훨씬 가치 있게 되고 더 성숙된 삶을 살아갈 수 있을 것입니다.

"드라마나 영화를 만드는 감독도 촬영하고 끊임없이 모니터링을 합니다.
촬영한 영상을 보면서 계속 점검하고 또 체크를 하면서 점진적으로
부족한 것을 채우고 과한 것은 덜어내며 완벽하게 바꾸어나갑니다.
원불교의 소태산 대종사님께서 알려주신 '일기법'은
우리가 살아가면서 행한 모든 몸과 마음의 작용을 그렇게 적어넣고
모니터링 하는 일이라고 생각하시면 됩니다."

# 선(禪)을 하게 되면 자비심과 기쁨이 넘치는데 그 다음에는 무슨 일이 일어나나요?

선(禪)을 오래오래 계속하여 마음이 깊은 경지에 들어가면 마음 깊은 곳에서 감사의 마음이 솟아나게 됩니다. 다른 말로 표현하면 자비심이 일어난다고 할 수 있습니다. 명상의 조금 깊은 단계에 들어가면 호흡을 하는 것이 산소만 들이켜는 것이 아닙니다. 걸으면서 숨을 쉬는데 진리의 진체가 내 안으로 깊이 들어왔다 나갔다 하게 되는 것입니다. 그렇기 때문에 걷는 자체가 명상이고, 밥을 먹는 자체가 명상이고, 일이 있으면 일하는 자체가 명상입니다. 일이 없으면 일이 없는 그것이 명상입니다. 우리가 조금만 깊게 생각하면 명상 아닌 것이 없습니다. 모든 것이 명상입니다. 세상의 인지가 조금만 발달하게 되면 가족끼리 아침에 일어나서 명상을 하고 하루를 시작하게 될 것입니다, 서로서로 부처인 줄 알게 될 것입니다. 그리고, 직장에 가면 직장 근무하는 바로 그곳에서 마음공부를 하게 될 것입니다. 세상 모두와 함께 마음공부를 하게 될 것입니다. 그런 시대가 오면 차별이라는 것이 없어질 것이며, 서로서로 도우려 하며 서로 같이 공존하면서 살아가게 될 것입니다. 극락이나 천당이 다른 데 있는 것이 아니라 우리 삶 속에서 펼쳐질 것입니다. 우리가 살고 있는 곳이 바로 극락이요 천당입니다. 그런 세계가 되길 진심으로 바라기에 여러분들이 아무리 시간이 없어도 매일 명상을 하시기 바랍니다. 그것이 여러분들의 존재 가치를 점점 성장시켜 줄 것이며 낙원 세상을 만드는 한 걸음이 될 것이기 때문입니다.

"비가 오니 저수지 물이 진흙탕물처럼 흐려졌습니다.
그런데 일주일 후에 다시 가보니 물이 맑아져 있었습니다. 왜 그럴까요?
저수지 물이 아무리 흐려도 어디선가 생수가 솟아나거나
맑은 물이 흘러들어오면 그 호수는 시일의 장단은 있을지언정
반드시 맑아집니다. 우리 사회도 마찬가지입니다. 어디에선가 맑은 샘물의
역할을 하는 곳이 있어야 합니다. 바로 종교가 그 샘물 역할을 해야합니다."

원달마센터 훈련인들과 죽산 황도국 미국종법사

# 원불교 목적은 모든 사람을
# 깨닫게 하는 것입니까?

그렇습니다. 소태산 대종사께서는 원불교를 만든 이유는 '일체중생 즉, 모든 사람을 광대 무량한 낙원으로 인도하기 위함'이라고 밝혀주셨습니다. 소태산 대종사께서는 앞으로 과학문명이 발달하고 참으로 편리하고 좋은 세상이 돌아올 것을 내다보셨습니다. 물질문명이 풍부해지고 그 발달 된 물질 속에서 사람들이 편리하게 살아가게 될 것을 보신 것입니다. 그런데 소태산 대종사께서는 이러한 시대에 굉장히 걱정하신 바가 있으셨습니다. 바로 과학의 발달 속에서 풍부한 물질의 혜택을 받고 살아가는 사람들이 오히려 정신 기운은 약해져서 굉장히 혼란해지고 힘든 사람들이 많아진다는 걸 내다보셨습니다. 실제로 물질이 발달될수록 정신에 문제가 생기는 사람이 점진적으로 늘어남을 알수 있습니다. 중독의 문제가 그 대표적인 예입니다. 이런 사람들이 늘어난다는 것은 수많은 차량이 달리고 있는 도로를 술에 취한 사람들이 운전대를 잡고 위험천만한 운전을 하고 있는 것과 같은 것입니다. 그렇기에 이 문제를 해결하지 않으면 세상은 혼란스러워지고 위험에 빠질 수 있는 것입니다. 타인의 문제가 바로 나의 문제인 것입니다. 물질이 발달된 시대에는 더욱 촘촘히 관계가 연결되어 있기에 모든 사람들의 정신과 마음을 잘 관리하지 않으면 세상 전체가 굉장히 혼란해질 것입니다.

여기서 중요하게 살펴볼 것은 물질이나 몸은 마음이 정하는대로 움직여 간다는 것입니다. 몸의 양팔이 절단되었다 할지라도 정신만 또렷하면 삶을 제대로 살아갈 수 있습니다. 그러나 정신에 조금이라도 문제가 생기면 팔과 다리가 멀쩡하다 해도 절대 삶을 제대로 살아갈 수 없습니다. 그러하기에 물질이 발달될수록 마음 관리를 잘 해야하고, 정신 관리와 함께 수행도 해야 합니다. 모두 함께 살아가는 사회적 동물인 사람으로 태어났으면 당연히 그렇게 살아가야 됩니다. 그것이 모든 성자들이 우리에게 가르쳐주신 가르침입니다.

-2장-

원불교가
궁금합니다.

# 원불교의 교전과 교리가
# 궁금합니다

원불교에는 7대 교서가 수록된 원불교 전서가 있습니다. 그곳에는 《정전(正典)》·《대종경(大宗經)》·《불조요경(佛祖要經)》·《정산종사법어(鼎山宗師法語)》·《예전(禮典)》·《성가(聖歌)》·《원불교 교사(圓佛敎 敎史)》가 수록되어 있습니다. 이 중 소태산 대종사님께서 직접 저술하신 〈정전〉은 그 양이 그다지 많지는 않습니다. 그런데 대종사님은 이 정전을 편찬해 놓으시고 앞으로 이 법을 보고 감탄할 사람이 수도 없이 많을 것이라고 하셨습니다. 원불교 3대 종법사이신 대산 종사님이 종법사로 계실 때 토론토에 사시던 송혜중이라는 분이 오셨습니다. 그분은 당시에 여러 종교를 믿다가 진리에 대한 의문이 안 풀리셔서 여기저기 종교를 탐문하며 돌아다니며 물으셨다고 합니다. 그러면 주로 믿으라고 하는 말과 함께 설명을 했는데 그 대체가 마음에 들어오지 않았다고 합니다. 그렇게 의문이 풀리지 않고 계속되는 중에 우연히 원불교 〈정전〉을 읽게 되었고, 〈정전〉을 읽은 후 그렇게 계속되던 의문이

다 풀려버렸다고 합니다. 그래서 그 후 한국에 있는 원불교 총부를 거의 매년 찾아오셨는데, 그때 이 분이 '원불교의 정전은 모든 종교의 문법서'라고 표현했다고 합니다. 그리고 저도 직접 그 이야기를 들었던 적이 있습니다. 원불교 교리를 알면 진리에 대한 모든 궁금증이 다 풀리고 해석할 수 있는 능력이 생긴다는 것입니다. 그리고 그것이 원불교의 〈정전〉 속에 다 들어있다고 하였습니다. 저도 이 말씀을 듣고 감동을 받았습니다. 그렇다면 그분이 말한 원불교 〈정전〉 속에 있는 그 진리의 원리는 무엇일까요? 그것을 말씀드리려고 합니다.

학교에서 배우는 수학을 한번 생각해보시기 바랍니다. 공식을 알고 그곳에 다른 응용의 상황을 대입시키면 문제가 다 풀립니다. 즉, 진리의 원리라는 것은 일종의 수학 공식 같은 것으로 생각하면 됩니다. 우리가 왜 이렇게 살고 있고, 나무라는 것은 왜 저렇게 살아있는 것이고, 봄 여름 가을 겨울은 어떻게 가고 오는 것이고, 이 우주라는 것은 어떻게 되어 있는 것이고, 삶이라는 것은 어떻게 움직여 가는 것인지 등 인생과 우주의 모든 진리를 풀 수 있게 합니다. 사람은 왜 태어나서 왜 살다가 가고 또한, 내 앞에 왜 이런 일이 벌어지고 있는지에 대한 질문을 해보신 적 있으신가요? 사실 이런 질문을 하는 사람은 많지 않습니다. 대부분의 사람은 그냥 아침에 일어나 밥 먹고 살다가 점심 먹고 또 살다가 저녁 먹고 잠들고 또 아침에 일어나 살아가고 또 잠들고 또 하루를 살고 또 잠들고 그러면서 살아갑니다. 이렇게 살아가면서 무의식중에 죽는 것은 무서워하는 마음이 있습니다. 그 이유는 죽음 그 이후를 전혀 모르기 때문입니다. 그런데 우리가 잠잘 때는 편안합니다. 많은 사람의 아주 행복한 시간 중 하나가 일과를 잘 마치고 잠자는 일일 것입니다. 왜 행복할까요? 그것은 내일 아침 눈을 뜬다는 것을 알기 때문입니다. 만약에 잠이 들면 내일 일어날지 못 일어날지 모른다고 생각한다면 아무도 편안히 잠을 잘 수가 없을 것입니다. 죽음과 삶에 대한 두려움도 그와 같습니다. 우리가 우주와 삶의 원리를 알게 된다면 그 어떤 상황에서도 편안해질 수 있습니다. 우리는 몸과 마음을 사용하며 살아갑니다. 그래서 우리가 몸을 쓰려면 몸의 원리를 알아야 하고, 마음을 쓰려면 마음의 원리를 알아야 합니다. 이 '원리'라는 것을 알려면 이치를 깨쳐야 합니다. 수학 공식에서 그 공식을 그냥 암기하는 것이 아니라 왜 그 공식이 탄생하게 되었는지를 깨닫는 것과 같은 것입니다. 원불교 정전에 있는 '일원상의 진리'에 그것이 다 들어있습니다.

그럼, 일원상 진리에는 어떤 내용이 담겨있는지 살펴보겠습니다. 원불교 2대 종법사이셨던 정산 종사께서 정산종사 법어 원리편에서 이렇게 표현해주십니다.

'일원상의 원리는 모든 상대가 끊어진 자리다.'

모든 상대가 끊어졌다는 말이 무슨 말일까요? 참 어려운 말입니다. 그리고 앞으로 설명할 일원상 진리 중 가장 중요한 부분이기도 합니다. 이게 무슨 말일까요? 밤이 있어서 낮이 있고, 내가 있어서 네가 있고, 예쁜 게 있어서 미운 게 있고, 동물이 있어서 식물이 있고, 음이 있어서 양이 있고 우리가 인식하고 있고 보고 있는 거의 모든 것은 짝을 이루고 있습니다. 즉, 상대가 있습니다. 그런데 일원은 상대가 끊어진 짝

할 수 없는 자리라고 하셨습니다. 이 자리는 과연 어떤 자리일까요? 보이는 세계 밖의 세계인 이 세계를 허공이라고도 합니다. 이렇게 말하면 우리도 허공의 존재를 아는 것 같습니다. 그런데 우리는 허공의 진체를 못 보고 있습니다. 소태산 대종사님은 허공법계를 이전등기 내라고 그렇게 말씀하셨습니다. 허공의 진체를 볼 수 있으면 이전등기 낸 사람이며 깨달은 사람입니다. 그렇다면 깨달은 분들이 본 허공의 진체는 과연 어떤 모습일까요? 그분들은 허공은 텅 비었으되 가득 차 있다고 합니다. 우리는 한순간도 허공을 떠나서 살 수 없습니다. 한순간도 허공을 떠나 숨을 쉴 수도 없습니다. 한순간도 허공을 떠나서 맥박이 뛸 수가 없습니다. 우리 삶의 모든 것이 허공의 원리에서 움직여 갑니다. 땅도 말하자면, 전부 다 허공의 원리입니다. 꽉 찬 것 같지만 비어 있습니다. 건물들도 꽉 찬 것 같지만 비어 있습니다. 이미 현대 양자물리학에서는 물질을 구성하는 입자는 항상 물질적인 성질만 나타내는 것이 아니라 허공 속 에너지인 파동의 성질로 나타난다는 사실을 밝혔습니다. 미세한 차원으로 관찰하면 겉으로는 단단해 보이는 물질도 실제로는 허공 속에서 수많은 입자로 구성되어 있고, 그 입자들 역시 마지막에 남는 것은 오로지 순수한 에너지체의 결속임을 밝힌 것입니다. 보이는 것이 말하자면 이미 없는 것입니다. 이렇게 에너지와 물질의 차이를 구별할 수 없게 되었으니, 결국 모든 물질은 표현된 에너지 파동이고, 에너지는 드러나지 않은 물질이라고 할 수 있는 것입니다. 그런데 진리는 그것보다 수억만 배 깊이 들어갑니다. 그래서

[17]언어도단의 경지입니다. 그래서 정산 종사님은 이 일원의 자리는 모든 상대가 끊어진 자리이며 그래서 말로써 가히 이르지 못하고 사람의 생각으로는 가히 상상할 수 없는 경지라고 하셨습니다. 즉 이름과 모양으로 형용을 할 수 없는 경지로 달리 말하면 흔적이 없는 자리입니다. 흔적이 없으므로 눈으로 볼 수도 없습니다. 이것을 딱 한 마디로 뭉쳐서 '언어도단의 입정처'라고 표현합니다. 그러니까 말길이 끊어지고 생각의 길이 끊어지고 흔적이 없고 가히 형용하지 못할 자리인 이 자리에서는 부딪칠 일이 없습니다. 이것이 곧 일원의 진공체입니다. 그 자리를 '진공'으로 표현해 주셨습니다.

'진공(眞空)' 이것이 일원상 진리의 첫 번째 원리입니다. 원불교 정전 일원상의 진리 장에서 이 일원의 진공 자리를 '일원(一圓)은 우주 만유의 본원이며, 제불 제성의 심인이며, 일체중생의 본성이며, 대소 유무(大小有無)에 분별이 없는 자리며, 생멸 거래에 변함이 없는 자리며, 선악 업보가 끊어진 자리며, 언어 명상(言語名相)이 돈공(頓空)한 자리로서'라고 이렇게 설명해 놓으셨습니다. 이 자리가 바로 진공 자리입니다. 그러면 여기서 의문이 생깁니다. 우주 만유는 진공이 아닙니까? 여기서 중요한 것은 진공이 우주 만유의 본원(本源)이라고 하신 부분입니다. 그러니까 진공(眞空) 자리와 본원(本源) 자리는 통합니다. 우리 개개인으로 봐서는 이 진공 자리는 바로 우리 마음 바탕인 심지(心地)하고 통하고, 본성 자리와 통합니다. 이 자리를 알아야 바로 진공을 내 것

---

**17 언어도단[言語道斷]** 말과 말의 길이 끊어졌다는 뜻으로 말로써 이를 수 없는 것을 말함. 진리 본체와 본래 마음을 설명하는 말. 궁극적 진리는 언어가 다 끊어진 경지라는 의미.

으로 만들 수 있습니다. 우리의 본성 자리인 심지(心地) 자리에서는 부처님과 우리가 어깨를 나란히 할 수 있다는 말이 됩니다. 그래서 그 자리에서는 모두가 부처임을 알게 되는 것입니다. 그래서 마음공부라는 것은 우리가 이 심지(心地), 본성 자리를 통해서 모든 만물을 바라볼 수 있는 공부를 하는 것입니다. 그렇게 되면 모두가 부처라는 [18]처처불상(處處佛像)을 믿는 것이 아니라 그대로 보게 되는 것입니다. 믿음은 깨달음으로 가기 위해서 필요한 것입니다. 원리를 모른 채 무조건 믿는 것이 아니라 진공 자리를 깨닫기 위해서 믿음으로 수행하고 공부해 나가야 하는 것입니다.

그럼 진공(眞空)의 한자가 어떻게 되어있는지 살펴보겠습니다. 참 '진(眞)'자와 빌 '공(空)'자입니다. 그러니까, 진공(眞空)은 그냥 빈 것이 아니라 참으로 빈 것을 말합니다. 모든 만물이 이 진공(眞空)의 원리에 바탕해서 움직여갑니다. 마음도 마찬가지입니다. 마음에도 진공의 원리가 있습니다. 마음에서 진공의 원리를 뭐라고 할까요? 바로 '성품(性品)'이라고도 하고 '자성(自性)'이라고도 합니다. 성품이란 본래의 마음을 말합니다. 또, '일상수행의 요법'에서는 이 자리를 '심지(心地)'라는 말로도 표현합니다. 앞에서도 잠시 언급했던 이 심지(心地)라는 단어의 뜻은 마음 땅이라는 뜻입니다. 마음 땅은 바로 마음 바탕이란 말입니다. 바탕이 진공의 자리입니다. 일상생활 속에서 부딪치게 되는 모

---

**18 처처불상[處處佛像]** 곳곳이 부처님이라는 의미의 한자표현으로, 보통 '사사불공(事事佛供 일마다 불공)'과 함께 붙여 사용되는 원불교 교리표어. 원불교적 삶의 태도를 적실하게 표현하고 있는 대표적 교의의 하나이다.

든 일들 즉, 경계를 당하면 마음을 곧바로 마음 바탕인 진공의 자리로 돌려놓아야 합니다. 이것이 진공의 원리를 우리가 마음공부에 활용하는 방법입니다. 경계에 의해 일어난 판단과 감정을 놓고 우리가 대하는 모든 상대와 상황을 있는 그대로 바라볼 줄 알아야 합니다 '아, 저 사람은 저렇게 나타나는구나.'하고요. 그렇게 되려면 모두가 특성이 다르다는 것을 알아야 합니다. 그것을 알지 못하면 제대로 불공을 할 수가 없습니다. 직사광선이 필요한 화초는 야외에 두고 길러야 하고, 그늘에 두어야 하는 화초는 그늘이 있는 곳에서 길러야 하는 것과 같은 것입니다. 그 특성을 모른 채 내 입장과 내 생각으로만 불공을 하는 것은 계속되는 경계와 문제를 만들게 됩니다. 그런데 이와 같은 특성은 나중에 나타나고, 그 시작은 진공으로 부터라는 것을 기억해 두서야합니다. 그러면 만물이 다 다르게 나타나는 이 특성이라는 것은 어떻게 나타날까요? 이 부분이 일원상 진리의 그 다음 원리입니다.

정산 종사님은 원리편에서 '일원상의 원리는 모든 상대가 끊어져서 말로써 가히 이르지 못하며 사량으로써 가히 계교하지 못하며 명상으로써 가히 형용하지 못할지라 이는 곧 일원의 진공체(眞空體)요,'에 이어서 이렇게 설명하십니다. '그 진공한 중에 또한 영지 불매하여 광명이 시방을 포함하고 조화가 만상을 통하여 자재하나니 이는 곧 일원의 묘유라.'

진공 그다음에 나오는 것이 광명입니다. 광명이 무엇일까요? 태양의 빛과 같습니다. 태양이 광명을 내어 우리가 볼 수 있습니다. 태양 아래서는 환히 다 보입니다. 또렷하고 환하게 보이면 의심할 것이 없습니다. 그대로 보이니까요. 그런데 우리 중생은 착각과 착시로 바로 볼 수가 없는 것입니다. 본래 마음 바탕으로 보면 태양처럼 환하게 있는 그대로 볼 수 있는데, 자신의 생각과 자신이 아는 것과 경계 따라 일어난 마음 작용으로 보게 되면 그대로 보지 못하고 착시 현상을 불러일으켜 보게 되는 것입니다. 본 바탕의 마음 즉, 광명이 가리어 환하게 그대로 보지 못하고 자기 생각과 판단 등으로 만들어낸 시선으로 보기 때문입니다. 깨달은 불보살은 착시하지 않습니다. 그래서 우리도 착시 현상을 일으키지 않기 위해서는 깨달아야 합니다. 부처님께서도 공부시키실 때 모든 가르침 앞에 바를 정(正)자를 붙이셨습니다. 이것이 앞에서도 이야기했던 8정도 수행입니다. 정견(正見)·정사유(正思惟)·정어(正語)·정업(正業)·정명(正命)·정념(正念)·정정진(正精進)·정정(正定)으로 바르게 보고, 바르게 생각하고, 바르게 말하고, 바르게 행동하고, 바르게 생활하고, 바르게 노력하고, 바르게 의식하고, 바르게 선정에 들고, 이렇게 공부길에 전부 바를 정(正)을 넣어주셨습니다. 여기서 바르게 본다는 것이 진실로 중요합니다. 여기에 우리의 본래 마음 자리인 성품을 본다는 의미인 견성(見性)이 들어있습니다. 우리는 견성을 하지 않으면 정확히 바라볼 수가 없습니다. 그래서 우리가 진리의 원리를 이해해야 하는 것입니다. 그렇지 않으면 세상을 착시 현상으로 보면서 살아갈 수 있고, 착시로 본다는 그 사실도 모르기 때문입니다. 그런데 거의 대부분의 사람들이 그렇게 살아가고 있습니다.

그리고 진공한 중에 광명이 시방(十方)을 포함한다고 하셨습니다. 시방이란 불교에서 말하는 우주에 대한 공간적인 구분입니다. 동·서·

남·북의 사방(四方)과 동북·동남·서남·서북의 사유(四維)와 상·하의 열 가지 방향을 말합니다. 시방세계에 들어가지 않은 것은 없습니다. 이 시방에 시간적인 표현을 합하면 우주입니다. 우주 속에 들어있는 것을 무엇이라고 할까요? 만유(萬有)라고 합니다. 만유는 우주에 존재하는 모든 것을 말합니다. 만유는 눈에 보이는 것이나 보이지 않는 것을 다 포함합니다. 우리는 눈에 보이는 것만 존재한다고 생각합니다. 그런데 우주 만유에는 우리 눈에 보이는 것과 보이지 않는 것이 다 들어있습니다. 예를 들어보면, 찻잔에 있는 물을 생각해 봅시다. 찻잔의 물은 우리 눈에 보입니다. 그런데 이 뜨거운 차에서 미세하게 수증기로 변화되는 기체는 보이지 않습니다. 언제 물의 변화가 일어날까요? 물의 온도가 뜨거워서 그 기운이 극하면 변화가 일어납니다. 우리 눈에 보이지는 않는데 수없는 물이 그렇게 하늘로 올라가고 있습니다. 그리고 그 수증기들은 찬 기운을 만나면 또 변화가 일어납니다. 다시 액체로 변화가 되고 이 미세한 액체의 물방울이 구름이 됩니다. 그 구름이 다시 비가 되어 내리고 날씨가 추워지면 눈이 되어 내립니다. 풍·운·우·로·상·설(風雲雨露霜雪) 이것이 다 물기운의 변화로 일어납니다. 봄·여름·가을·겨울도 마찬가지로 이런 음양 순환의 변화들입니다. 이렇게 세상에 존재하는 만유는 전부 다 변화합니다. 그러니까 이 진공이 텅 빈 것 같은데 빈 것이 아니라 꽉 차서 끊임없이 작용하고 있다는 것을 알 수 있습니다. 옛날에 '물은 답을 알고 있다(저자 에모토 마사루)'라는 책이 많은 사람에게 읽힌 적이 있습니다. 생명이 없어 보이는 물도 우리의 마음을 알고 그 마음에 반응한다는 논픽션 책이었습니다. 그런데 물만이 아니라 이 공간도 알고 있고, 공기도 알고 있고, 땅도 다 알고 있습니다. 누가 가르치지 않아도 봄이 되면 얼었던 땅이 녹으면서 다시 싹이 올라오고, 여름이 오면 그 싹이 자라나 꽃을 피우고 열매를 맺고, 가을이 되면 다시 떨어지고, 겨울이 되면 땅 속에서 다시 봄을 준비합니다. 이것이 광명이 시방을 포함하고 그래서 조화(造化)가 만상을 통하여 자재하는 것입니다. 여기서 조(造)자는 만들 '조(造)'입니다. 만들어서 생겨나는 것입니다. 천지자연 우주 만물이 생성·소멸·변화되는 이치가 바로 조화입니다.

이것이 두 번째 일원의 법칙 '묘유(妙有)'입니다. 묘할 묘(妙)입니다. 참 묘하게 있습니다. 진공이 공적 영지의 광명을 따라 묘유(妙有)로 나타나는데 진공을 떠나지 않았습니다. 이것이 진공 묘유(妙有)의 조화(造化)입니다. 우리가 눈을 뜨고 감을 때까지 보고 듣는 모든 것이 다 깨달음의 단초입니다. 그래서 소태산 대종사께서는 자기가 알고 깨달은 것을 [19]감각감상으로 기재 하게 하셨습니다.

그 다음 진공과 묘유 그 가운데 만법이 운행하는 법칙이 있습니다. 이것이 일원상의 세 번째 진리인데, 진공과 묘유 가운데 만법이 운행하면서 생겼다가 멸하고, 오고 가면서 거래하는 원리입니다. 우리가 알고 있는 대표적인 거래는 장사입니다. 그런데 우리들의 인간관계도 자세히 보면 모두 거래입니다. 주고 받고, 가고 오고 관계되는 모든 것

---

**19 감각감상[感覺感想]** 사물이나 자연현상을 통하여 느낀 생각이나 진리의 깨달음을 기재하는 일기. "감각이나 감상을 기재시키는 뜻은 대소유무의 이치가 밝아지는 정도를 대조하기 함이다"(《정전》 일기법).

은 다 거래입니다. 그런데 거기서 크게 보면 살고 죽는 생사도 거래입니다. 그래서 원불교의 주문 중 하나인 성주(聖呪)에서 '거래각도무궁화(去來覺道無窮花)'가 나옵니다. '가고 오는 도를 깨고 보니, 그것이 무궁한 꽃 즉, 불생불멸 하는 꽃이더라'는 뜻입니다. 그런데 이 거래에는 자신이 지은 선악에 따라 과보가 달라져서 육도사생으로 승급, 강급되어 올라갔다 내려왔다 하는 원리가 있습니다. 이것이 '일원의 인과'입니다. 이것이 일원상 진리의 세 번째 원리인 '인과(因果)'입니다. 이것은 결과로 나타난 것입니다. 씨앗 '인(因)'자가 심어져서 결과 '과(果)'로 나타난다는 것입니다.

그런데 우리 눈에는 인(因)이 나타나면 과(果)가 안 보입니다. 과(果)가 나타나면 또한, 인(因)이 안 보입니다. 그래서 이것을 숨을 '은(隱)' 나타날 '현(現)' 은현(隱現)이라고 표현하셨습니다. 하지만 공부하는 사람은 인(因)을 보면 과(果)가 보이고, 과(果)가 드러날 때 인(因)이 보입니다. 이것이 마음 공부인입니다. 돈이 들어왔습니다. 마음공부하는 사람은 과(果)가 보이기 때문에 돈을 빨리 돌려주어 순환시킵니다. 그런데 과(果)가 안 보이게 되면 내 입으로 모두 다 들어갑니다. 극하면 변하는 이치대로 이렇게되면 이(利)로 오기도 하지만 해(害)로 과(果)가 돌아오기도 합니다. 마음공부를 하면 이 과(果)를 계속 순환시켜 이로움이 되도록 관리를 잘하게 되는 것입니다. 이 일원상 진리의 원리를 배우는 이유는 바로 여기에 있습니다. 소태산 대종사께서 '일원상으로서 교리의 근원을 삼고 모든 공부인으로 하여금 이를 신앙하게 하고, 이를 연구하게 하며, 이를 수행하게 하신 것은 곧 계단을 초월하여 쉽게 대도에 들게 하고, 깊은 이치를 드러내어 바로 사물에 활용하게 하심'이라고 정산 종사께서 말씀하셨습니다. 우리가 이 진리의 원리를 배우는 이유는 결국 바로 일상생활에 잘 활용하기 위해서입니다.

이 일원상의 진리를 다시 한번 정리하면 '진공과 묘유와 인과' 이 세 가지 원리입니다. 이것을 연구하는 것을 원불교에서는 [20]사리연구(事理研究)라고 합니다. 여기서 사(事)는 일 '사(事)' 인간의 일을 말합니다. 이 일은 또한 '시비이해(是非利害)'로 운행된다고 밝혀주셨습니다. 그리고 사리에서 '리'는 이치 '이(理)'입니다. 이 이(理)는 천조의 '대소유무(大小有無)'라 밝혀주셨습니다. 천조는 하늘 '천(天)'자와 만들 '조(造)' 자 입니다. 이것은 천지조화를 축약한 낱말입니다. 이것을 기독교에서는 천지창조라는 말로 표현합니다. 원불교에서는 천지조화, 천지창조가 바로 '대소유무(大小有無)'로 건설되었다고 말합니다. 이것이 일원의 진리입니다.

이 진리는 경전에 쓰여 있습니다. 진공. 묘유. 인과의 원리를 경전을 예로 한 번 살펴보겠습니다. 먼저 경전에는 세 가지가 있습니다. 우리가 아는 글로 쓰인 '문자 경전', 현실 속에 나열되어 있는 '현실 경전', 그리고 만유·만법의 근원인 '자성 경전' 이 세가지가 바로 그것입니다. 잘 생각해 보시기 바랍니다. 글로 쓰인 경전은 어디에서 연유되었을까요? 이것은 원리를 알려주기 위함인데, 바로 현실 경전을 잘 보게 하려고

---

**20 사리연구[事理研究]** 원불교의 핵심교의인 정신수양 · 사리연구 · 작업취사의 삼학(三學) 가운데 하나. 천조(天造)의 대소유무의 이치(理)와 인간의 시비이해의 일(事)을 연마하고 궁구하여 일원의 진리를 깨치고 부처의 인격에 이르도록 연구하는 공부법.

있는 것입니다. 그럼 이 글로 쓰인 경전과 현실경전의 원리는 무엇일까요? 바로 자성 경전으로부터 나온 것입니다. 그러니까 이것은 셋이면서 셋이 아닌 하나입니다. 그 원리가 바로 자성 경전, 글로 쓰인 문자 경전, 우리 삶 속에 펼쳐지는 현실 경전입니다.

진공. 묘유. 인과를 '대소유무'와의 관계로 살펴보면 진공은 대(大), 묘유는 소(小), 인과는 유무(有無)입니다. 이를 [21]사은(四恩) 장에서는 대(大)자리를 '도(道)'라고 표현하시고, 그래서 [22]천지은의 [23]천지팔도가 나오는 것입니다. 소(小)자리는 '덕(德)'으로 표현하셨습니다. 나타난 건 전부 다 은혜라는 뜻입니다. 공기도 은혜이고, 물도 은혜이고, 땅도 은혜이고, 햇빛도 은혜입니다. 그리고, 인과는 '보응(報應)'으로 표현했습니다.

그러니까 이 일원상 진리의 공식인 '진공·묘유·인과' 이 공식에 넣으면 풀리지 않는 것이 없습니다. 우리 마음에 있어서도 마찬가지입니다. 마음의 진공 자리는 '성품'의 본체 자리입니다. 묘유 자리는 환히 드

---

**21 사은[四恩]** 원불교 교리의 신앙과 수행의 두 문 가운데 신앙문에 속하며 인생의 요도로서 천지은(天地恩)·부모은(父母恩)·동포은(同胞恩)·법률은(法律恩)을 말한다. 소태산 대종사는 일원상의 내역을 말하자면 곧 사은이요, 사은의 내역을 말하자면 곧 우주만유로서 천지·만물·허공·법계가 다 부처 아님이 없다고 했다.

**22 천지은[天地恩]** 사은(四恩)의 하나로서 인간이 천지로부터 입은 은혜. 곧 천지가 인간에게 베풀어준 하늘의 공기, 땅의 바탕, 일월의 밝음, 바람·구름·비·이슬 등의 은혜를 말한다. 천지은은 생성의 대도로써 만물의 존재를 보전하여 생존케 하는 생명의 근원이다.

**23 천지팔도 [天地八道]** 《정전》 제2 교의편 사은(四恩) 중 '천지피은의 강령'에 밝혀진 천지의 여덟 가지 진리작용. 즉 '법신불 일원'의 진리가 천지의 대자연을 통해서 무위이화(無爲而化) 자동적으로 운행해나가는 도(道)를 여덟 가지로 설명한 것. ① 지극히 밝은 도 ② 지극히 정성(精誠)한 도 ③ 지극히 공정(公正)한 도 ④ 순리자연(順理自然)한 도 ⑤ 광대무량(廣大無量)한 도 ⑥ 영원불멸(永遠不滅)한 도 ⑦ 길흉(吉凶)이 없는 도 ⑧ 응용(應用) 무념(無念)한 도

러난 영지 자리요, 인과 자리는 내가 그것을 행동으로 옮겨서 받는 자리가 되는 것입니다. 즉 내가 심어서 내가 받는 자리입니다. '나'라는 존재 자체가 그래서 인(因)임과 동시에 과(果)이며 과(果)임과 동시에 인(因)입니다. 인과는 따로 떨어져 있는 것이 아닙니다. 인(因)임과 동시에 그 속에 과(果)가 숨어 있고 과(果)가 드러나면 인(因)이 숨어 있는 것입니다.

이것이 일원상의 원리입니다. 그런데 여기서 중요한 것이 있습니다. 바로 '대소유무'의 원리입니다. 이것을 알아야 원불교의 교리를 아는 것입니다. 이 우주는 '대소유무'로 건설되었고 이 세상은 '시비이해'로서 운전해 간다고 하셨습니다. 세상이 넓은 만큼 이치의 수도 많고 인간이 많은 만큼 일의 종류도 한이 없습니다. 이 두 가지에 대해서 더 공부하여 모두 진급하는 삶으로 나아가면 좋겠습니다.

# 원불교에서 진리를 설명하는 말인
## '대소유무(大小有無)'를 설명해 주세요

앞에서 말씀드렸듯이 대(大)는 진공(眞空)의 세계이고, 소(小)는 묘유(妙有)의 세계이고, 유무(有無)는 인과(因果)의 세계입니다. 그런데 보통 대소유무(大小有無)를 이야기할 때 대(大)의 세계가 따로 있고 소(小)의 세계가 따로 있고 묘유(妙有)의 세계가 따로 있는 줄 압니다. 그런데 이 전체가 다 대(大)입니다. 이 대(大)를 하나님이라고도 하고, 법신불이라고도 하고, 도(道)라고도 하고, 자연이라고도 합니다. 우리는 이 대(大)의 세계를 떠나서 살 수 없습니다. 그런데 이 대(大)가 나타날 때는 모두 소(小)의 세계로 나타납니다. 눈에 보이는 것은 모두 소(小)의 세계입니다. 이 나타난 소(小)의 세계는 모두 다 변화합니다. 식물, 동물, 무생물 다 마찬가지입니다. 소(小)는 유무(有無)로 계속 변화합니다. 이 '대소유무(大小有無)'는 원불교를 창건하신 소태산 대종사께서 진리를 해석하신 독특한 관점이며 방법입니다. 이것은 소태산 대종사님이 연원을 두신 불교에서도 명확히 구분을 두어 이야기한 적이 없는 새로운 방식입니다. 물론 뜻이 통하는 부분들은 다 있습니다. 그러나 소태산 대종사께서는 이치를 대소유무로 분석해 들어가고 직관해 들어가며 일상생활에서 깨달은 내용을 기재하도록 하여 확실한 깨달음의 길을 활짝 열어 주셨습니다. 왜 그럴까요? 부처님은 생로병사(生老病死)에 의심을 두고 진리를 탐구하시다 깨달으셨습니다. 사람이 태어나고, 늙고, 병들고, 죽고 하는 것에 의심을 품으시다 깨달으신 것이 [24]고집멸도 사제법문입니다. 중생은 고집에서 살고 불보살은 멸도에 머뭅니다. 이것이 부처님이 초기에 설법하신 사제법문이며 이것은 생로병사(生老病死)에 의심을 두고 그것을 해결하도록 하신 법문입니다. 그럼 소태산 대종사님은 무엇을 의심하고 그 의심을 해결하려 하셨을까요? 소태산 대종사께서는 저 하늘의 구름이 어디서 왔다 어디로 가는지 하늘에 대해 의심을 품으시고, 왜 사시가 순환하고, 왜 주야가 순환하는지 여기에 의심을 품으셨으며, 가족간의 관계와 촌수는 어떻게 해서 이루어지는지 등 우주와 인간 만사에 대해서 의구심을 품으시다가 깨달으셨습니다. 그 깨달음의 결과로 표현해 주신 진리가 바로 '대소유무(大小有無)'의 이치라고 대산 종사께서 여러번 말씀해 주셨습니다.

그럼 이 대소유무(大小有無)의 원리 중 우리가 알아야 하는 가장 중요한 것은 무엇일까요? 바로 대(大)자리입니다. 마음공부를 하는 공부

---

**24 고집멸도[苦集滅道]** 불교의 근본 원리인 사제(四諦)의 첫 글자를 따서 이르는 말. '고'는 생로병사의 괴로움, '집'은 '고'의 원인이 되는 번뇌의 모임, '멸'은 번뇌를 없앤 깨달음의 경계, '도'는 그 깨달음의 경계에 도달한 수행을 말한다.

인들은 이 대(大) 자리에 관심을 두고 끊임없이 공부해 나가야 합니다. 이 대(大)자리는 보이지도 않고 흔적도 없습니다. 앞에서 이야기했듯 이 대(大)자리는 말 길이 끊어지고 생각 길이 끊어지고 흔적을 찾아볼 수 없는 자리입니다. 그 자리로 공부해 들어가는 일은 쉽지 않아 보입니다. 그런데 어떻게 생각하면 쉬울 수도 있습니다. 집중적으로 원리를 쫓아 들어가 직관을 통해서 이 대(大)자리를 눈치챌 수 있습니다. 그렇게 되면 가만히 있어도 늘 대(大)자리를 직관할 수 있습니다. 이렇게 일심이 되면 숨을 쉬거나 밥을 먹거나 일을 하거나 모두 다 대(大)자리가 됩니다.

다시 한번 대(大)자리를 살펴보면 대(大)는 우주의 본체, 본원(本源)이라는 뜻입니다. 이 본(本)이라는 한자가 무슨 뜻인가요? 근본이라는 뜻입니다. 이 한자를 보면 나무가 보입니다. 나무의 중심은 어디에 있습니까? 뿌리에 있습니다. 이 한자를 살펴보면 중심이 나무의 밑인 뿌리에 있습니다. 이처럼 대(大)자리를 눈치채는 방법은 우리 눈에 보이지 않지만 그 근본인 뿌리까지를 볼 줄 아는 것입니다. 전체를 다 보는 것이 바로 대(大)자리를 보는 것입니다. 그럼 본원(本源)의 '원(源)'자에는 무슨 뜻이 담겨 있을까요? 한자를 보면 물 '수(水)'가 있습니다. 즉 물이 흘러나오는 곳이라는 뜻이 담겨 있습니다. 그것이 근원입니다. 전등의 빛을 한 번 살펴보지요. 그 빛이 어디서 오나요? 발전소에서 옵니다. 그곳을 근원이라고 합니다. 전등이 켜져 있습니다. 이것을 그냥 눈으로만 보면 밝은 빛이 전등에서 나오는 것처럼 보입니다. 그런데 빛이 나오는 근원을 따라가 보면 그 빛은 발전소에서 나오는 것을 알게 됩니다. 이렇게 근원까지 다 함께 보는 것이 대(大)자리를 보는 것입니다. 그럼 소(小)라는 것은 빛을 내는 전등, 전선, 발전소처럼 만물이 형형색색으로 구별이 돼 있는 그 자리들입니다. 이렇게 우주 만물은 형형색색으로 나누어져 있지만 전부 다 연결되어 있다는 것을 알아채는 것이 대(大)자리를 눈치채는 것입니다. 만물이 그렇게 모두 연결된 대(大)를 떠나지 않고 있기 때문에 그것을 아는 것이 중요합니다. 대(大)를 알면 마음공부 길을 잡는 것입니다. 이 대(大)를 이해하면 공부 길을 잡는다는 것을 다른 말로 표현하면 성리를 눈치채는 것이라 말할 수 있습니다.

소(小)를 살펴보면 소(小)는 아주 중요한 특성이 있습니다. 앞에서도 언급했지만 그대로 가만히 있지 않고 늘 변화합니다. 소는 반드시 유무(有無)의 변화를 일으킵니다. 즉, 나타나는 건 반드시 변화한다는 뜻입니다. 우리가 인식하고 있는 생명들은 변화를 떠나 존재할 수 없습니다. 그 생명들 외에 우리가 변하지 않고 있다고 생각하는 무정물들도 변화합니다. 예를 들어 콘크리트 집을 한번 생각해 봅시다. 지금 눈으로 볼 때는 아무 변화 없이 그냥 가만히 있는 것으로 보입니다. 그런데 사실은 지금 이 순간에도 미세하게 조금씩 변화가 일어나고 있습니다. 아주 미세해서 지금 당장 우리의 눈에 보이지는 않아도 긴 세월을 두고 생각해보면 이 콘크리트 집도 언젠가는 다 사라지고 없어집니다. 소(小)로 나타난 모든 우주 만물은 이렇게 변화한다는 것이 진리인데, 그럼 그 변화에는 어떤 원리가 있을까요? 바로 인간 세상은 옳고, 그르고, 이롭고, 해로운 것인 '시비이해(是非利害)'로 운전해 간다는 원리가 있습니다.

시비이해의 한자를 살펴보면, 옳을 '시(是)' 그를 '비(非)' 이로울 '이(利)' 해로울 '해(害)'입니다. 우주 만물은 옳음과 그름, 이로움과 해로움으로 변화한다는 것입니다. 옳으면 이롭고, 그르면 해로운 결과를 얻는 것을 설명한 것입니다. 우리는 모두 이로운 것은 좋아하고 해로운 것은 싫어합니다. 그렇다면 옳은 생각과 옳은 행동으로 이로운 방향으로 변화해가도록 노력해야 할 것입니다.

그런데 옳음과 그름에 대한 정의는 어떻게 내릴 수 있을까요? 이것은 다른 말로 '정의'와 '불의'로 나누어 볼 수 있습니다. 이로움을 얻으려면 정의를 행하고 불의를 행하지 않아야 합니다. 그럼 정의란 무엇일까요? 이 세상에서는 법률이라든가 보편적인 도덕법에 따라서 정의를 판단합니다. 그런데 여기서 생각해 볼 것은 넓은 시야에서 보면 여기서는 정의인데 저기서는 아닐 수도 있다는 것입니다. 즉 상황에 따라서 우리나라에서는 정의인데 다른 나라에서는 불의일 수 있고, 나에게는 정의인데 상대에게는 불의일 수 있다는 것입니다. 그러면 원불교에서 말하는 정의는 어디에 기준을 두면 될까요? 바로, 대소유무(大小有無)에 맞아야 합니다. 어렵게 느껴질 수 있는데, 대소유무(大小有無) 중 변화하는 진리인 유무(有無)가 무엇에 바탕을 둔 것인지 알면 이해하기 쉬워집니다. 유무는 인과(因果)법에 바탕해 변화합니다. 그러니 인과법에 맞아야 정의입니다.

인과(因果)법에서 보면, 우리가 살아가는데 나타나 있는 모든 것은 인(因)이 나타난 과(果)입니다. 모든 것은 인과의 이법따라 나타난 결과인 것입니다. 그런면에서 대소유무(大小有無)의 '소(小)'도 과(果)로 나타난 것이라 볼 수 있습니다. 과(果)로 나타난 모든 것은 그 안에 사실은 인(因)이라는 것이 숨어 있습니다. 보이지 않고 흔적도 없는데 그 안에 인(因)이 숨어 있습니다. 이것을 전체로 보면 인과가 될 수 있습니다.

그런데 여기서 중요한 것이 있습니다. 원불교의 계문은 인과법에 바탕해 나온 것이고, 이것을 지키는 것이 정의입니다. 계문을 하나하나 실천하는 것이 정의행인 것입니다. 그런데 원불교의 계문을 보면 '연고(緣故) 없이 살생을 말며', '연고 없이 술을 마시지 말며' 등 연고가 붙은 계문이 있습니다. 정의면 그냥 행하라고 하면 되는데 왜 몇몇 계문 앞에는 연고를 붙이셨을까요? 연고의 판단 기준이 무엇이어야 정의일까요? 이것을 알아야 합니다. 그렇지 않으면 나에게만 정의인 행을 하기 쉽기 때문입니다. 수많은 상황이 있기에 이 판단 기준을 한마디로 정의 내리긴 어렵습니다. 그런데 딱 하나 기준 잡는 것이 있습니다. 제가 오랫동안 연마해서 깨달은 그것은 바로 '연고 없이'를 쓸 때는 반드시 타인을 위해서 써야 한다는 것입니다. 나를 위해서 쓰는 것이 아니라 타인을 위해 이타심(利他心)을 가지고 사용할 때만 정의에 맞는 연고가 된다는 것입니다. 즉, 연고는 이타(利他)성을 염두에 두고 쓰는 것입니다. 연고를 나를 위해서 쓰고, 내 이익을 위해 쓰면 그것은 절대 정의에 맞는 연고가 될 수 없습니다. 예를 들어 본다면 옛 친구가 오랜만에 나를 찾아왔습니다. 그 친구가 너무 반가워 회포를 풀자며 맥주를 한잔 하자고 합니다.

"안돼! 나는 계문을 지켜야 하니 절대 안 마셔."

그러는 게 아니라 이때 연고를 쓰는 것입니다. 친구가 오랜만에 와서 정과 정이 오가는 시간을 보내고 싶어 하니까 같이 함께 해 주는 것 그것이 이타성에 바탕을 둔 정의에서 벗어나지 않는 연고입니다. 옛날 임진왜란 때 스님들이 승병이 되어 전쟁터에 나갔습니다. 불교에서 범하면 안 되는 첫 번째 계문이 살생을 하지 않는 것인데 무엇 때문에 그 중요한 계문을 어기고 전쟁터에 나갔을까요? 바로 더 많은 사람을 살리기 위한 이타심 때문에 그러신 것입니다. 그러니까 정의, 옳음, '시(是)'라고 하는 것은 반드시 인과에 바탕해서 구분해야 합니다.

여기서 중요한 것이 또 있습니다. 이로우니까 인과법에 바탕해 마음을 쓰기는 쓰는데 깨치지 못하고 마음을 쓰다 보면 아무리 좋은 마음을 써도 내가 했다는 상(相)이라는 것이 남습니다. 내가 했다는 상(相)이 남으면 나중에 이것이 씨앗이 되어서 좋은 일을 안 한 것보다도 더 큰 재앙의 뿌리가 될 수가 있습니다.

예를 들어보겠습니다. 똑같이 친한 두 친구가 있습니다. 그런데 한 친구는 어려울 때 내가 도와주었고, 또 다른 친구는 도와주지 않고 그냥 친구로만 지냈습니다. 그런데 어느 순간 내가 아주 어려워졌습니다. 그런데 이 두 친구가 똑같이 나를 안 도와주었습니다. 나는 예전에 한 친구를 도와주었다는 상이 있는 상태입니다. 그럼 내 마음에 어떤 일이 일어날까요? 내가 안 도와준 친구는 그냥 서운한 정도로 끝나지만, 내가 도와준 친구는 내가 도와준 만큼 미운 마음이 듭니다. 이것이 바로 남을 돕고 마음에 그를 도왔다는 상(相)이 남았을 때 벌어지는 일입니다. 그럼, 이 상(相)을 없애려면 어떻게 해야 할까요? 원래 내 것이라는 것이 없다는 '대(大)'에 바탕을 두는 공부를 하면 됩니다. 대(大)의 자리에서 보면 원래 내 것이라는 것은 없습니다. 다만 적정기간 내가 관리를 할 뿐입니다. 그래서 대(大)자리를 공부하는 것이 대단히 중요합니다. 정의라는 것을 다시 정의해보면 첫 번째는 사회 보편적인 도덕법에 맞아야 합니다. 그리고 두 번째는 인과의 이법에 맞아야 합니다. 그리고 세 번째는 대(大)에 바탕을 두어야 합니다. 불보살의 심법으로 들어가려면 반드시 대(大)에 근본하여 마음을 쓰고 행동하는 것이 바로 정의행이 되는 것입니다.

우리가 정의행을 하는 것은 무엇 때문일까요? 정의행을 하면 반드시 이로움이 오고 상생의 앞길이 열리기 때문입니다. 그럼 자신에게 이로움이 돌아오면 어떻게 해야 할까요? 계속 이로움을 유지하려면 어떻게 해야 할까요? 이때 불보살들은 자신에게 돌아온 이익을 절대 혼자 갖지 않고 다시 올바른 정의행으로 순환시킵니다. 이것은 봄에 씨앗을 하나 심었는데 그것이 자라 무수한 결실을 산출해 주는 것과 같습니다. 이것이 진리입니다.

그럼 불의 '비(非)'를 행하지 않아야 하는 이유는 무엇일까요? 그것은 반드시 해로움으로 나타나기 때문입니다. 많은 사람이 어려운 일로 힘들어합니다. 왜 나한테만 이런 일이 일어나냐며 괴로워합니다. 그런데 그 안에는 반드시 씨앗 인(因)이 들어있음을 알아야 합니다. 그럼 나에게 어려움 '해(害)'가 왔을 때는 어떻게 해야 할까요? 어려움이 오면 사람들은 거의 다 거부를 합니다. 거부하면 어떻게 될까요? 생각해 보아야 할 것은 해로움, 어려움이라는 것은 앞에서 이야기했듯이 그냥 오는 것이 아니라 그 안에 인(因)이 들어있습니다. 즉, 지어서 받는 것이기에 거부하면 다시 돌아오게 되어 있습니다. 그런데 갔다가 다시 올 때는 하나를 더 데리고 옵니다. 그래서 하나의 어려움을 거부하면 두 개가 되어 돌아옵니다. 그런데 이 두 개가 되어 온 '해(害)'를 또 거부하면 어떻게 될까요? 그 다음에는 네 배가 되어 돌아옵니다. 이렇게 되면 더 이상 감당할 수 없어집니다. 그래서 해(害)가 올 때는 안아버려야 합니다. 사람들이 산 같은 데 가서 휴지를 버리고 올 때가 있습니다. 그 휴지를 어디다 버릴까 생각해보시기 바랍니다. 깨끗한 데다 잘 버리지 않습니다. 대부분 휴지가 쌓여 있는 곳에 버립니다. 그것을 치우지 않고 그대로 놔두면 한없이 쌓이고 그렇게 되면 나중에는 감당할 수 없는 지경에 이르게 됩니다. 개인도 마찬가지입니다. 해로움이 올 때는 곧바로 받아 안아서 감수해 나가야 합니다. 대산 종사께서는 달게 받아 다시 갚지 말라 하시며 '감수불보(甘受不復)'하고 은혜의 씨앗을 심으라고 하셨습니다. 해로움이 오면 달게 받고 갚지 않아서 선업으로 인연을 돌리라 하신 것입니다. 동학 사상에 능하고 도교 사상에도 심취하셨던 무위당 장일순님이 돌아가시고 어떤 분의 책에 그분이 하신 말씀이 나옵니다. 강도가 와서 칼로 나를 찔렀습니다. 그 때 그 칼을 빼서 자신의 옷에 그 피를 잘 닦고서 나를 찌를 때 얼마나 힘들었냐고 말하며 다시 그 칼을 돌려줄 수 있는 정도의 인격이 되어야 한다고 말했다고 합니다. 참 대단한 이야기인데 감수불보로 선업으로 인연을 돌리는 것을 생각할 때 이 이야기를 기억하셔도 좋을 것 같습니다. 그래야 그 해로움이 끝이 납니다. 그런데 우리가 일의 시비이해(是非利害)를 모르고 마음대로 행하고 살아간다면 찰나찰나 순간순간 육근을 동작하는 바가 모두 죄고로 변하여 고통과 해로움이 한이 없을 것입니다. 우리는 일 속에서 태어나 일 속에 살다가 일 속에서 갑니다. 그렇기에 그 일이 어떻게 운행되는지 알고 살아가야 합니다. 그리고, 또한 그 일은 무엇으로 건설되었는지도 알아야 합니다. 원불교 정전에 소태산 대종사께서는 이 세상은 대소유무(大小有無)로 건설되고 시비이해(是非利害)의 일로서 운전해 간다고 밝혀주셨습니다. 이것이 원불교 정전의 핵심 원리중 하나입니다.

# 원불교에서 정신 수양을 중요하게 가르치는 이유는 무엇인가요?

소태산 대종사께서 원불교 교단 초기의 경전인 〈수양연구요론〉 서문에 이렇게 쓰셨습니다. '인생의 요긴한 길은 수양에 있다. 수양의 목적은 연구에 있고, 연구의 목적은 혜복을 구하는 데 있다.' 우리가 종교를 무엇 때문에 믿을까요? 지혜와 복을 얻기 위해서 믿습니다. 세상 사람들도 열심히 공부하고 일하면서 똑같이 지혜와 복을 구합니다. 이렇게 보면 혜복을 구하는 것은 똑같습니다. 그런데 방법이 다른 것입니다. 장사해서 돈 버는 것, 성공하기 위해 공부를 하는 것 등 다 이것을 구하기 위해서입니다. 지혜가 있을수록 삶을 더 잘 살아갈 수 있기 때문입니다. 그래서 모든 사람들은 학교에 다니고 기술을 배우고 지식을 익히면서 복을 장만합니다. 그런데, 우리 원불교에서는 수양을 통해 지혜를 얻고 복을 구합니다. 방법이 다른 것입니다. 왜 수양이 '복'과 '혜'를 구하는 가장 중요하고 요긴한 길일까요? 바로 바탕이 되기 때문에 그렇습니다. 바탕, 기초는 모든 일에 가장 중요한 일입니다. 예를 들어 집을 짓는데 가장 중요한 것이 무엇일까요? 바로 기초입니다. 기초 공사가 잘 되어야 집이 안전하게 들어설 수 있습니다. 그렇지 않으면 그 집은 무너지기 쉽습니다. 이 세상 모든 일이 다 그렇게 바탕이 중요합니다. 그럼 이 우주가 움직여 가는 그 기초는 무엇일까요? 바로 '진공'입니다. 진공이 바탕이 되어서 우리가 빛을 볼 수 있고, 바라볼 수 있고, 숨을 쉴 수 있고, 움직이고, 태어나고 또한 없어집니다. 다 진공을 바탕으로 이루어지고 있는 것입니다. 일체 만물 만사가 원래 바탕이 바로 진공입니다. 정신수양은 우리 사람들의 원래 바탕인 진공과 같아지는 공부를 하는 것입니다. 즉, 복과 혜를 장만하고 담는 기초를 만드는 일을 하는 것입니다. 그래서 중요합니다. 이 진공은 다른 말로 '청정일념'이라고도 합니다. 이것은 품성과 관계가 있습니다. 그래서 수양을 잘하면 편안한 품성을 가지게 되는 것입니다. 예를 들어 지금 어떤 깨지지 않는 물체를 던졌다고 가정해 봅시다. 그러면 그 물체가 바닥에 떨어져서 멈출 때는 어떤 상태로 정지하게 될까요? 가장 편안한 상태로 가서 머뭅니다. 모든 건 다 그렇습니다. 모든 물질은 편안한 상태로 가려는 속성을 가지고 있습니다. 불안한 상태에서 멈추거나 머물면 불안하고 불편할 수 밖에 없습니다. 이것이 마음 작용에서도 마찬가지로 적용되는 것입니다. 편안함이 기본이며 기초입니다. 즉 편안하지 않고는 행복할 수 없다는 것입니다. 편안하고 안정되지 않고는 바른 공부길을 찾아갈 수 없으며 집중할 수 없을 것이며, 바르게 복과 혜를 구할 수 없다는 것입니다. 마음을 편안하게 안정시키는 공부가 바로 수양입니다. 만약 저녁에 낮 동안 있었던 일로 걱정하면서 불안하고 고민되는 마음으로 잠자리에 들었다고 해봅시다. 그럼 다음 날 아침에 일어나서 무슨 생각이 들까요? 어제 저녁에 불안했던 그 고민이 바로 연결이 될 것입니다. 그러면 또 아침부터 그 고민과 생각으로 하루를 살고 또 잠자리에 들고, 다시 다음날 일어나 또 같은 상황을 반복하게 됩니다. 그렇게 살아가면서는 편안할 수 없고 그 상황에서는 올바로 복과 혜를 장만할 수 없을 것입니다. 그러니까 수양 공부라는 것은 그 고민과 불안한 생각들을 탁 내려놓고 그냥 편안하게 잠들게 하는 공부 라고 생각하면 됩니다. 그렇게 저녁에 불안함을 털어 놓고 잠이 들면 다음날 아침에 개운한 마음으로 일어나게 되고 그렇게 되면 그 불안하 게 만들었던 일에 끌려다니지 않은 채 지혜롭게 문제를 해결하며 살아 갈 수 있게 되는 것입니다. 그러니 수양을 하지 않고 행복해지기는 어 렵습니다. 이것은 안정성의 원리입니다. 이것이 편안함의 원리입니다. 마음이 편안하지 않고 어떻게 행복할 수 있을까요? 만약 행복해지려 고 노력해서 많은 지식을 쌓았고, 행복을 위해 노력해서 많은 돈을 장 만했고, 행복해지려고 끊임없이 노력해서 유명해졌다고 생각해 보겠 습니다. 그렇게 다 가졌어도 편안하지 않다면 어떻게 행복할 수 있을 까요? 수양 공부를 하지 않은 상태에서는 많으면 많아질수록 더 불안 해집니다. 왜냐하면 지켜야 할 것이 많아지기 때문입니다. 권력도 마 찬가지입니다. 권력이 많아지면 적이 많아집니다. 그런데 어떻게 편안 할 수 있을까요. 그러하기에 수양을 통해 마음을 넓혀 놓아야 합니다. 그래서 테두리 없는 그릇을 만들었다고 생각해보세요. 그러면 무엇에 도 부딪치고 요란해질 수 없는 편안한 상태가 됩니다. 그 안에서 얼마나 평화롭겠습니까. 또한 이 넓은 그릇에서는 에너지가 생성되고 삶의 활력이 솟아납니다. 그리고 옳은 방법으로 지혜와 복을 장만할 큰 그릇이 되는 것입니다. 옛날에 어떤 저명한 교수가 어느 선사에게 불교의 법이 무엇인지 배우러 갔습니다. 그 선사는 교수 앞으로 차를 내왔습니다. 그리고 교수에게 차가 있는 찻잔을 주고 그 찻잔에 차를 따라주었습니다. 잔 밖으로 물이 넘쳐흘러도 계속 따라주었습니다. 그러자 그 교수가 놀라서 말했습니다.

"차가 넘칩니다."

선사가 대답했습니다.

"가서 비우고 오시오."

수양은 다른 것이 아니라 마음 가운데 가득 찬 아만심과 잡념을 비워야만 받아들일 수 있다는 뜻이겠지요.

그럼 왜 원불교에서는 아침에 일어나서 수양 공부인 좌선을 하라고 할까요? 좌선은 수양의 가장 좋은 방법입니다. 그리고 수양은 마음을 넓혀 놓는 일이라고 했습니다. 아침에 좌선으로 마음을 넓혀 놓고 그렇게 하루를 시작하면 일과 중에 일어나는 웬만한 일들에는 마음이 요란해지거나 부딪치지 않게 됩니다. 그런데 그렇지 않고 급한 마음과 조급한 마음으로 하루를 시작한다면 별것 아닌 일에도 마음이 불편하고 요란해질 수 밖에 없습니다. 아침 명상이나 좌선은 누군가 나를 불편하게 하는 말이나 행동을 해도 피식 웃어넘길 수 있는 그런 여유있는 마음과 편안한 마음을 가질 수 있도록 자신의 품성을 넓혀 놓는 일인 것입니다. 그래서 정신 수양은 행복의 바탕이요 만사성공의 바탕이 되는 것입니다.

또한, 수양을 잘하면 지혜도 빠르게 장만할 수 있습니다. 그런데, 비우는 일이 어떻게 잘 아는 지혜와 연결이 될까요? 왜 마음을 비우면 지혜가 솟아날까요? 불교의[25] '반야심경'을 아시지요 그 핵심 뜻이 무엇인가요? 빌 '공(空)'자, 공(空)사상입니다. 핵심은 바로 공(空)입니다. 그런데 반야심경의 '반야'란 뜻이 무슨 뜻일까요? 지혜라는 뜻입니다. 빈 마음과 지혜가 어떻게 연결이 되는 것일까요? 다 비었는데 어떻게 지혜가 나올 수 있을까요? 지혜는 지식하고 다릅니다. 지식은 입력시켜 놓은 것이라면 지혜는 비운 마음에서 솟아난 것입니다. 아는 것이 많은데 지혜가 없으면 그 지식은 분별로 변하게 됩니다. 그 분별은 번뇌와 고통으로 이어질 수 있습니다. 그래서 수양이 없는 사람은 알고 있는 지식이 결국 분별과 주착심을 일으켜 고통의 씨앗인 '업'을 불러들이는 원인이 되는 것입니다. 그렇게 보면 지혜와 번뇌는 둘이 아닙니다. 이것은 정말로 아주 깊은 원리를 이야기하는 것인데, 불교의 최고 경지에 들어가면 번뇌가 지혜이고, 지혜가 번뇌입니다. 그런데 왜 번뇌가 지혜가 될까요? 번뇌라는 것은 원래 분별을 이야기하는 것이기 때문입니다. 원리를 알지 못하는 상태에서는 분별이 업으로 화하지만, 원리를 아는 분별은 지혜로 나타나기 때문입니다. 같은 분별인데 깊은 마음 바탕으로 비춰보는 분별은 지혜가 된다는 것입니다. 그러니 수양을 통해서 깊은 마음의 평안을 찾으면 모든 것이 다 지혜로 화하게 되

---

25 **반야심경[般若心經]** 반야바라밀다심경[般若波羅蜜多心經] 불교의 《대반야경》 6백 권 사상의 정수를 뽑아 260자로 그 핵심을 요약한 경전. 줄여서 《반야심경》이라고 한다.

어 우리가 얻고자 하는 모든 것을 지혜로 장만할 수 있는 것입니다. 그 지혜로 진행하는 일들은 복으로 결실을 맺게 될 것입니다.

이러한 수양의 가장 좋은 방법은 좌선입니다. 하지만, 소태산 대종사께서는 염불도 좌선과 똑같이 그 공덕이 나타난다고 하셨습니다. 때문에 특히 나이가 많은 사람은 오롯이 염불 일성에 마음을 집중하고, 틈나는 대로 염불을 하게 되면 쉽게 마음의 안정도 얻게 되고 생사의 해탈을 얻을 수도 있으며, 마음의 그릇을 비우고 키우는데 많은 도움을 얻을 수 있을 것입니다.

그리고 또 하나, 수행에 있어서 바른 견해를 가지고 믿음이 확고하면 쉽게 큰 수양력을 얻을 수 있을 것입니다. 수양 공부를 하면 진정으로 영원한 지혜와 복을 장만할 수 있다는 확고한 믿음이 있어야 합니다. 그러니 수양은 믿음임과 동시에 수양이라고 할 수 있습니다. 자신의 인생은 자신의 마음 그릇만큼만 담고 갑니다. 마음을 넓혀서 정말로 큰 복과 혜를 얻어가시길 바랍니다.

# 경전연마를 해야 하는 이유는 무엇인가요?

경전연마를 무엇 때문에 할까요? 그것은 어떤 일을 당하여 그 일을 진행해 나갈 올바른 방향성을 찾기 위해서 하는 것입니다. 우리는 날마다 육근동작을 하며 살아갑니다. 그런데 이 육근동작을 어떻게 해야 올바른 삶일까요? 이것은 어떻게 취사하며 살아가야 하느냐는 질문이기도 합니다. 그 취사하는 대중을 소태산 대종사께서는 세 가지로 말씀하셨습니다. 첫째, 본래 서원을 생각하고 둘째, 스승님의 본의를 생각하고 세 번째, 그 상황을 살펴보는 것입니다. 본래 서원과 스승님의 본의와 그 상황을 우리가 진리에 맞게 익히고 학습할 수 있는 가장 좋은 방법이 바로 경전연마입니다. 경전연마 속에 그것이 다 들어 있습니다. 경전 속에는 성불제중이라는 서원이 들어 있으며, 소태산 대종사님의 본의가 들어있습니다. 그리고 대종경은 형세에 맞게 소태산 대종사께서 진리적으로 취사하신 내용이 담긴 상황 법문입니다. 우리가 경전연마를 하는 것은 결국 성불제중의 길을 알려주는 이정표를 확인

하는 것입니다. 그렇게 이정표를 확인하면서 길을 가면 내가 가는 길이 성불제중 서원을 이뤄가는 과정이 될 것입니다. 하루하루 순간순간 생활 전부가 성불제중을 이루어가는 과정이 될 것입니다. 그래서 경전연마가 중요한 것입니다.

또한, 경전연마를 하면 형세를 바라볼 수 있는 눈을 갖게 됩니다. 형세가 뭘까요? 경전연마의 핵심은 앞에서 설명한 내용인 '대소유무'와 '시비이해'입니다. 대소유무와 시비이해를 떠나서 있을 수 있는 것은 아무것도 없습니다. 경전연마를 하면 상황상황을 대(大)자리와 소(小)자리 유무(有無)의 자리에서 바라보고, 옳고 이로운 방향의 취사가 무엇인지 알게 됩니다. 이것을 계속하면 진리에 바탕을 둔 취사의 전문성이 길러지게 됩니다.

모든 기업이나 단체의 성공과 실패의 뿌리도 얼마나 미리 연마를 하느냐에 달려있습니다. 사업을 하나 성공시키기 위해서도 면밀하게 검토하고 이것이 어떻게 하면 성공할까, 어떻게 투자해야 하고, 어떤 순서로 일을 진행해야 하며, 누구와 일해야 하는지 정말 많은 연구를 해야 합니다. 마음공부도 마찬가지입니다. 공부하는 사람이 형세를 판단하는데 미리 준비하고 연마하지 않으면 마음공부를 진실로 실생활에 활용하는 것이 어려울 수 있습니다. 경전연마는 그래서 대단히 중요한 것입니다.

이렇게 경전연마로 미리 준비하고 취사하면서 살아가면 무엇을 얻을 수 있을까요? 사회생활에서도 사업이나 업무를 맡으면 어떻게 잘할까 연마하면서 일을 합니다. 그러면 그 부분에 능력이 생기고 또한 그

일의 성공이라는 결과도 얻습니다. 그런데 마음공부를 하면서 일을 성공 시키는 것과 그냥 일만 하면서 성공시키는 것과는 전혀 다른 부분이 있습니다. 무엇이 다를까요? 경전연마를 통해 어떤 마음으로 일을 진행해야 하는지 준비하면서 성공시키면 한 가지 더 얻는 것이 있는데, 바로 성불의 길로 다가가는 마음이 성장해 간다는 것입니다. 똑같이 성공을 위해 일을 해나가는데 기술적인 연마만 한 것과 어떤 마음으로 일해야 하는지 미리 연마해 진리에 맞는 마음으로 일을 진행하면서 성공하는 것의 차이는 바로 '마음'에 있습니다. 기술력과 일만 향상시키는 것이 아니라 '마음의 힘'도 같이 성장하는 것, 이것이 바로 경전연마를 통해 취사하면 얻어지는 소득입니다. 여기에 신앙과 공부가 다 들어 있습니다.

진행하는 일을 성공시키기 위해 노력하는 모든 사람들이 경전연마를 통해 정말로 마음에 감동을 받고, 마음이 평화로워지고, 공부도 잘 되고, 사업심도 나도록 기도하는 마음으로 정성스럽게 일을 해 나가면 좋겠습니다. 이러한 사람들은 결국 자신의 마음에 불심(佛心)이 커나가게 되고 성불의 길이 열려 갈 것입니다. 이것이 경전연마를 통해 그 일 그 일을 해나가야 하는 이유입니다. 이렇게 일속에서 마음의 힘이 자라나도록 공부하며 일을 진행해 나가시기 바랍니다.

"태양 아래서는 환히 보입니다.

또렷하고 환하게 보이면 의심할 것이 없습니다.

그대로 보이기 때문입니다.

본래 마음 바탕으로 보면

태양처럼 환하게 있는 그대로 볼 수 있습니다.

그런데, 자신의 생각과 자신이 아는 것과

경계 따라 일어난 마음 작용으로 보게 되면

그대로 보지 못하고 착시 현상을 일으켜 보게 됩니다.

본 바탕의 마음 즉, 광명이 가리어

환하게 그대로 보지 못하고 자기 생각과 판단 등으로 만들어낸

시선으로 보기 때문입니다.

착시 현상을 일으키지 않기 위해서는 깨달아야 합니다. "

# 원불교의 신앙과 수행은
# 어떻게 하는 것인가요?

과학 문명이 엄청나게 발전해 가고 있습니다. 그것은 세상이 엄청나게 바뀌어가고 있다는 뜻입니다. 과학이 발달하면 그것을 사용하는 사람들의 인지가 발달하고 인지가 발달하면 의식이 변화됩니다. 의식이 변화되면 세상과 진리를 보는 눈이 열려 갑니다. 종교에서도 마찬가지입니다. 미국은 지금 엄청나게 명상 인구가 늘어나고 있습니다. 1990년대 5%에서 지금 30%를 넘어선다고 합니다. 이것은 엄청난 변화입니다. 그런데 탈종교 현상도 빠르게 진행되고 있습니다. 사람들이 종교에 별로 관심 없어지고 있습니다. 특히 젊은 층으로 갈수록 그렇습니다. 목회데이터연구소가 연구 분석한 '2023 한국인의 종교 생활과 신앙의식 조사'에 따르면 대한민국의 만 19세 이상 성인을 대상으로 한 조사 결과에서 종교인은 37%, 무종교인은 63%로 나타났습니다. 해당 조사는 '한국교회의 미래를 준비하는 모임'에서 25년에 걸친 데이터를 추적 연구한 결과라고 합니다. 즉, 젊은 종교 인구는 5명 중의 한 명에 불과하다는 뜻입니다. 과학 문명이 획기적으로 발달하니 좋은 것이 너무나 많아져 종교에 별로 관심이 없어지고 있는 것입니다. 이런 시대에 종교는 어떤 역할을 해야 할까요?

새 시대의 종교인 원불교는 '물질이 개벽 되니 정신을 개벽하자'라는 개교 표어를 가지고 있습니다. 이 시대에 맞는 진리적 종교의 신앙과 사실적 도덕의 훈련으로 신앙하고 수행하도록 지도하고 있습니다. 이것이 무슨 뜻일까요? 앞에서 잠시 언급했듯이 인간은 두 가지 활동으로 살아갑니다. 하나는 정신적 활동이고, 또 다른 하나는 육신적 활동입니다. 이 두 가지 활동으로 인간의 삶은 이루어져 갑니다. 이 가운데 정신적 활동은 궁극적으로 신념으로 나타납니다. 신념이 없으면 성공하지 못합니다. 그래서 신념이 강하냐 약하냐에 따라 삶이 달라질 수 있습니다. 그러면 이 신념은 무엇을 통해서 이루어질까요? 바로 활동을 통해서 이루어집니다. 그런데 이 신념이 진리에 바탕을 두면 이것을 우리는 신앙이라고 표현합니다. 그리고 그 활동이 진리와 사실에 맞으면 우리는 수행이라는 말로 표현합니다.

원불교의 소태산 대종사께서는 일상의 활동을 모두 수행으로 바꿀 수 있도록 지도해 주셨습니다. 그것이 원불교 수행의 중요한 부분입니다. 하루를 사는 동안 안·이·비·설·신·의 육근(六根)동작을 사용할 때 즉, 심신(心身)을 작용하는 동안 모든 활동을 수행으로 바꾸도록 일상 수행을 말씀하셨습니다. 일상 수행은 날마다, 경계마다 진리에 맞게 활동하며 살아가는 길입니다. 이것이 원불교에서의 수행이며 '사실적 도덕의 훈련'입니다. 소태산 대종사께서는 수행은 상시 즉, 일상생활에서 하도록 말씀해 주셨고, 정기에는 법의 훈련을 하도록 하셨습니다. 그리고 이 두 가지를 합쳐서 상시훈련과 정기훈련으로 나누셨습니다. 정기는 정할 때 법의 훈련이고 상시 즉, 일상에서는 진리와 법에 맞게 동할 때 행을 닦도록 지도해 주셨습니다. 그래서 [26]상시 응용 주의사항'과 [27]교당내왕시 주의사항'으로 밝혀 주셨습니다. 일년을 놓고 볼 때는 정기훈련, 상시훈련 기간을 정하여 훈련을 하고, 일주일을 놓고 생각해볼 때는 활동하면서 일상을 사는 주중에는 상시 응용 주의사항으로 수행하고, 주말에는 정기로 [28]교당에 나가서 교당 내왕시 주의사항으로 법의 훈련을 받도록 하셨으며, 하루를 놓고 볼 때는 낮에 활동하는 동안은 상시훈련으로 보고 새벽과 저녁 시간은 정기훈련으로 생각하고 수행해 간다면 좋지 않을까 하는 생각을 해보게 됩니다. 그러므로 소태산 대종사께서는 상시 훈련 기간에 모자란 부분을 법의 훈련

---

**26 상시응용주의사항 [常時應用注意事項]** 상시훈련법의 하나. 내용은 ① 응용(應用)하는데 온전한 생각으로 취사하기를 주의할 것이요, ② 응용하기 전에 응용의 형세를 보아 미리 연마하기를 주의할 것이요, ③ 노는 시간이 있고 보면 경전 · 법규 연습하기를 주의할 것이요, ④ 경전 · 법규 연습하기를 대강 마친 사람은 의두연마하기를 주의할 것이요, ⑤ 석반 후 살림에 대한 일이 있으면 다 마치고 잠자기 전 남은 시간이나 또는 새벽에 정신을 수양하기 위해 염불과 좌선하기를 주의할 것이요, ⑥ 모든 일을 처리한 뒤에 그 처리 건을 생각하여 보되, 하자는 조목과 말자는 조목에 실행이 되었는가 못되었는가 대조하기를 주의할 것이니라 등 총 6개의 조목으로 구성되어 있는데 이는 시간의 관점에서 일상생활에 부합시켜 삼학수행을 하게 한 공부법이라 할 수 있다.

**27 교당내왕시주의사항** 상시훈련법의 하나. 내용은 ① 상시응용주의사항으로 공부하는 중 어느 때든지 교당에 오고 보면 그 지낸 일을 일일이 문답하는데 주의할 것이요, ② 어떠한 사항에 감각된 일이 있고 보면 그 감각된 바를 보고하여 지도인의 감정 얻기를 주의할 것이요, ③ 어떠한 사항에 특별히 의심나는 일이 있고 보면 그 의심된 바를 제출하여 지도인에게 해오(解悟) 얻기를 주의할 것이요, ④ 매년 선기(禪期)에는 선비(禪費)를 미리 준비하여 가지고 선원에 입선하여 전문 공부하기를 주의할 것이요, ⑤ 매 예회(例會)날에는 모든 일을 미리 처결하여 놓고 그날은 교당에 와서 공부에만 전심하기를 주의할 것이요, ⑥ 교당에 다녀갈 때에는 어떠한 감각이 되었는지 어떠한 의심이 밝아졌는지 소득 유무를 반조(返照)하여 본 후에 반드시 실생활에 활용하기를 주의할 것이니라.

**28 교당[敎堂]** 종교단체의 신자들이 모이는 집. 원불교에서 직접 교화를 위해 설치한 건물 또는 장소.

즉, 정기 훈련을 통해서 보완하도록 해 놓으셨습니다. 여기서 주의 사항의 '주의'는 한마디로 말한다면 마음을 끊임없이 챙기라는 말씀입니다. 이렇게 원불교의 수행은 정기, 상시로 일상 생활을 잘 살 수 있도록 돕는 공부라고 분명히 밝혀주셨습니다.

원불교 미국총부가 있는 원달마센터의 일요 법회에는 독실한 가톨릭신자나 기독교인, 유대교인도 참석을 하고 있습니다. 이것이 무슨 뜻일까요? 이제는 종교의 울을 떠나 자신에게 필요하면 어디든지 배우러 가는 세상이 되었다는 뜻입니다. 특히 젊은 사람들은 더욱 그렇습니다. 나에게 필요하면 어디든지 배우러 갑니다. 이것이 과학 문명이 극도로 발달한 현대의 종교 현상입니다.

원불교 교법의 중심 속에는 앞에서도 이야기 했지만 현실의 삶을 잘 살도록 돕는 인도상 요법이 중심에 들어 있습니다. 과학문명이 발달하면서 많은 사람이 육신의 활동보다 정신활동을 많이 합니다. 그러면서 정신에 문제가 생기고, 정신적으로 방황을 하는 사람도 많아집니다. 그래서 명상을 통해 정신의 휴식을 취하는 인구가 늘어가고 있으며, 마음의 고향인 영성을 찾는 것입니다. 이 영성이라는 말은 그동안 기독교에서 많이 사용하였지만, 소태산 대종사님께서는 백 년 전 이미 이 단어를 원불교의 중요한 의미로 사용을 하셨습니다. 앞에서도 언급했지만 깨달음을 얻으시고 공부할 공간인 원불교 최초의 교당이라고 할 수 있는 '구간도실'을 준공하시고 그 곳의 이름을 '대명국영성소 좌우통달 만물건판양생소(大明局靈性巢 左右通達 萬物建判養生所)'라 이름 지어 주셨습니다. 이 이름에는 소태산 대종사께서 앞으로 어떻게 제자들을 가르칠 것인가 하는 장래 회상 건설의 포부와 방향이 담겨 있다고 할 수 있습니다. 대명국영성소는 '크고 밝은 영성의 보금자리'라는 뜻이며, 좌우통달 만물건판양생소는 그 역할로 '모든 주의와 사상을 막힘없이 통하게 하며 천지 만물을 새롭게 살려내는 곳'이라는 뜻이 함축되어 있습니다. 그러니까 원불교는 크고 밝은 영성을 밝히고, 함양하여 상하좌우로 두루 소통하고 천지 만물을 새롭게 살려내는 공부를 하는 곳이라는 것입니다. 원불교 교당은 교도나 신자만 들어오는 공간이 아니라, 일반 사람 누구든지 필요하면 언제든지 와서 사용할 수 있는 공간이 되어야 한다는 것입니다. 그래서 여기에 와서 마음이 편안해지고 여기에 다녀가서는 진실로 가정과 사회에 도움이 되는 사람이 되어가는 것, 그것이 소태산 대종사님이 밝히신 마음공부이며 신앙과 수행입니다. 즉, 수도와 생활이 둘 아닌 생활을 하는 것입니다. 원불교를 믿음으로써 가정에 가서 남편을 부처님으로 모시고, 아내를 부처님으로 모시고, 자녀를 부처님으로 모시고, 부모님을 부처님으로 모시고, 사회에 나가서는 만나는 모든 사람과 대상을 부처님으로 모시는 것 그것이 원불교의 신앙입니다. 이것은 인과의 이법 곧, 진리에 바탕한 신앙입니다. 일원상 진리에 대한 설명에서 인과법에 대해 이야기를 했지만, 신앙과 진리는 둘이 아닙니다. 하나입니다. 원불교 정전의 일원상의 신앙에 보면 '일원상의 진리를 우주 만유의 본원으로 믿으며, 제불 제성의 심인으로 믿으며, 일체 중생의 본성으로 믿으며, 대소 유무에 분별이 없는 자리로 믿으며, 생멸 거래에 변함이 없는 자리로 믿으며, 선악 업보가 끊어진 자리로 믿으며, 언어 명상이 돈공한 자리로 믿으며, 그 없는 자리에서 공적 영지의 광명을 따라 대소 유무에 분별이 나타나는 것을 믿으며, 선악 업보에 차별이 생겨나는 것을 믿으며, 언어 명상이 완연하여 시방 삼계가 장중에 한 구슬같이 드러나는 것을 믿으며, 진공 묘유의 조화는 우주 만유를 통하여 무시광겁에 은현 자재하는 것을 믿는 것이 곧 일원상의 신앙이니라.'라고 밝혀 놓으셨습니다. 즉, 원불교의 신앙이란 바로 진리가 드러난 그 사실 자체를 그대로 믿는 것입니다. 그러니까 진리에 대한 이해가 신앙의 바탕입니다. 그래서 모두가 부처인 그 자리를 믿고 그대로 실행하는 것이 수행입니다. 수행은 전부 다 그 밑바닥에 일원상의 진리를 믿는다는 신앙이 깔려 있습니다. 즉, 원불교는 일원상의 진리를 믿고, 하루 생활 속에서 일분일각도 놓치지 않고 사실적 도덕의 훈련으로 마음을 챙겨서 내 삶에 적용해 삶의 질을 높여가는 수행을 하는 것입니다. 원불교는 신앙과 수행이 둘이 아닌 생활을 하는 진리적이고 사실적인 삶의 종교입니다.

"일원상을 어디에 모시고 계신가요? 일원상을 내 안에 모셔야 합니다.
하나님이 밖에 계신 것이 아닙니다. 내 안에 하나님을 모셔야 합니다.
부처님도 밖에 놓고 모시는 것이 아니라 내 마음에 모셔야 합니다.
그렇게 내 안에 모시고 살다 보면 나도 부처가 됩니다."

원달마센터 훈련인들

# 원불교 공부의 원동력이라고 하신
[29]신(信)·분(忿)·의(疑)·성(誠)은 무엇인가요?

신(信)·분(忿)·의(疑)·성(誠)은 만사 성공의 원동력입니다. 진리를 깨치려고 하는 사람은 신·분·의·성이 없어서는 절대 깨달음에 도달할 수 없습니다. 사업에 성공하려는 사람도 신·분·의·성이 없어서는 성공할 수 없습니다. 공부하는 학생도 신·분·의·성이 있어야만 성공할 수 있습니다. 그래서 소태산 대종사께서는 삼학공부를 하는데 있어서 신·분·의·성은 수행의 동력이자 추진력이라고 말씀하셨습니다.

신(信)은 만사를 성공하게 하는 마음을 결정하는 원동력입니다. 분(忿)이라는 것은 용장한 전진심을 이름인데 만사를 성공하려 할 때 권면하고 촉진하는 원동력이 됩니다. 의(疑)는 일과 이치에 모르는 것을 발견하여 알고자 함이며 그래서, 만사를 이루려 할 때 알아내는 원동

---

**29 신·분·의·성** 삼학 수행을 잘할 수 있도록 촉진시키는 네 가지 조목으로 진행사조(進行四條)라 한다. 공부에 방해되므로 버려야 할 요목 네 가지를 사연사조(捨捐四條)라고 하며, 이를 모두 합하여 팔조(八條)라 한다.

력입니다. 성(誠)은 간단없는 마음으로 만사를 이루려 할 때 그 목적을 달성하게 하는 원동력입니다. 그러기 때문에 무슨 일을 할 때나 이 신·분·의·성이 필요합니다. 새해를 맞이해서 1년 계획을 세웠다면 그 계획을 성공하기 위해서도 또한 이 신·분·의·성이 필요합니다. 다시 말해 신(信)은 정신의 축을 잡아주고, 분(忿)은 행동의 동력이 되어주고, 의(疑)는 가는 길을 정확히 알게 하는 힘이 되어주며, 성(誠)은 그것을 가지고 끊임없이 쉬지 않고 나아가는 것을 말합니다. 그런데 이 신·분·의·성을 추진하는 데 있어 중요한 한 가지가 더 있습니다. 그것은 바로 '방향성'입니다. 그것을 마음공부를 하는 수행자들은 서원과 원력이라고 표현합니다. 일반 사람들은 목표 또는, 목적이라고 말합니다. 우리가 삶을 살아가는 데에도 단순히 길을 걸어가고, 여러 활동을 하고, 여행을 가고 그 모든 것을 할 때도 목적, 즉 방향이 있습니다. 그러하기에 우리 삶에 있어서 이 방향성은 대단히 중요합니다. 종교는 바로 이 삶의 방향성을 정확히 가르쳐주는 곳입니다. 이것을 깊이 마음에 새겼으면 좋겠습니다.

### 신(信)이 제일 먼저 나온 이유는 무엇일까요?

그 이유는 우리 삶은 전부 다 신(信)을 바탕해서 이루어져 있기 때문이라고 볼 수 있습니다. 예를 들어 아기가 첫 걸음을 뗄 수 있는 것도 신(信)으로 시작됩니다. '걷는다 걷는다 걷는다'는 그런 믿음 후에 걷기 시작합니다. 이렇게 첫 걸음을 떼고 확실히 자신이 걸을 수 있다는 믿음이 생기고 나면 그 후 실제로 걸음을 걸을 수 있게 됩니다. 마음공부의 성공도 이와 같습니다. 믿음 '신(信)'의 바탕이 서지 않으면 어떠한 이야기도 귀에 들어오지 않고, 마음에 받아들이지 않으면 어떠한 실행도 있을 수 없습니다. 그렇기 때문에 신(信)이 있고나서 분(忿)·의(疑)·성(誠)이 있을 수 있습니다.

### 분(忿)을 말씀하실 때, '성내다'는 뜻의 분 자를 쓰셨습니다. 왜 그렇게 하셨을까요?

맞습니다. 소태산 대종사께서는 분(忿)을 일상에서 분발(奮發)한다는 뜻의 낱말인 분발할 '분(奮)'자를 쓰지 않으시고 그보다 더 강한 마음인 '성내다'는 뜻의 분(忿)자를 쓰셨습니다. 거기에는 분발하되 더 강하게 분발한다는 뜻이 들어 있습니다. 어떤 사람이 캄캄하고 깊은 수렁에 빠졌다 생각해 보시기 바랍니다. 그 사람은 여기서 어떻게든 벗어나야 합니다. 살아남기 위해서 죽자 살자 그것을 벗어나려고 하는 것을 이 분(忿)자로 표현하신 것입니다. 사업하는 사람도 어떤 때는 사활(死活)을 걸고 할 때가 있습니다. 그런 마음과 행동이 바로 이 분(忿)입니다. 즉, 무언가를 변화시키려면 이런 정도의 분발이 있어야 가능합니다.

과학이 혁신적으로 발달하고 있습니다. 그것은 수없는 과학자들이 밤낮을 가리지 않고 사활을 걸고 깊이 깊이 연구한 결과입니다. 소태산 대종사님이 말씀하신 분(忿)이라는 것은 그냥 분발 정도가 아니라 그런 뜻이 담겨있는 것입니다.

## 의(疑)는 왜 필요한 것인가요?

의(疑)는 앞에서도 이야기했듯이 일과 이치에 모르는 것을 발견하여 알고자 하는 것입니다. 만사를 이루려 할 때 알아내는 원동력입니다. 가는 길을 정확히 알게 하는 힘이 되어줍니다. 올바르게 길을 가려면 가는 길에 대해서 끊임없이 연구를 해야 됩니다. 수행을 하는데 있어서도 연구를 해야 되고, 수양을 하는 데 있어서도 연구를 해야 되며, 마음의 원리와 삶의 원리에 대해서도 연구를 해야 합니다. 사업하는 사람도 마찬가지이며, 과학자도 마찬가지입니다. 수많은 사람들이 연구를 거듭해서 조금씩 발전해 온 것이 과학입니다. 마음공부도 마찬가지이며, 이 연구에는 의두가 들어갑니다. 이것이 맞는지 그것은 무슨 뜻인지 의문을 가지고 질문을 하고 답을 찾고, 또 다시 질문을 하고 답을 찾아가는 것이 의(疑)입니다. 그렇게 나아갈 때 마음공부와 모든 일에 발전이 있는 것입니다.

## 성실과 정성은 그 뜻이 비슷합니다. 무엇이 다른가요?

동양적인 해석으로 본다면 성실이라고 하는 것은 일에 열중해서 열심히 사는 것을 말합니다. 그런 사람을 우리는 성실하다고 말합니다. 정성이라고 하는 것은 그 성실함으로 계속해 나가는 것을 말합니다. 사서삼경 중 하나인 '중용'에서는 천지는 성(誠) 그 자체라고 말합니다. 마음공부를 열심히 하고 성위에 올라 성자가 되고 보면 천지와 통하게 됩니다. 천지는 정성 '성(誠)'에 의해 움직여 갑니다. 봄이 가면 여름이 오고, 여름이 가면 가을이 오고, 가을이 가면 겨울이 오고, 또 봄이 오고 그렇게 쉬지 않고 계속 돌고 돕니다. 또한 태양도 매일 떴다가 지고 또다시 뜨고 다시 집니다. 그렇게 밤이 되고 낮이 되고 밤이 다시 낮이 되며 지속해서 순환합니다. 천지의 모든 활력이 바로 이러한 지속적인 정성에서 나옵니다. 살아있다고 하는 것, 생명이라고 하는 것은 모두 정성 '성(誠)'에 의해서 유지되어 가는 것입니다. 생명들 또한 숨을 지속해서 들이쉬고 내쉬며 살아갑니다. 이것이 끊어지면 죽습니다. 심장 박동은 살아있는 한 끊이지 않고 계속됩니다. 몸을 움직이는 오장육부가 다 그렇게 끊임없이 지속해서 움직이기 때문에 우리가 생명을 유지하고 활동을 합니다. 정성이라는 것은 그래서 대단히 중요한 것입니다.

# 원불교의 교전은
# 어떻게 구성되어 있나요?

 

여러분이 앞에서 질문하고 궁금해하셨던 모든 것의 답은 원불교의 교전인 정전과 대종경에 소태산 대종사께서 이미 다 상세하게 말씀해 놓으셨습니다. 그걸 부연해서 또 원불교 제2대 종법사이셨던 정산 종사께서 말씀해 주시고 또 그걸 다른 각도에서 제3대 종법사이셨던 대산 종사께서 말씀해주셨습니다. 대산 종사님께서는 그렇기 때문에 공부하는 사람은 늘 대종사께서 밝혀주신 원전에 맥을 대고 공부해야 한다고 말씀하셨습니다. 이 원전이라는 것은 원불교 '정전'을 말합니다.

정전은 소태산 대종사께서 직접 저술하신 법문입니다. 살아계실 동안에 이 정전을 수없이 다듬으시고, 생활 속에서 실천해 보도록 하시고 또, 훈련해 보시고 열반하시기 직전에 친히 감수를 마치시고 편제해 놓고 가신 법문입니다. 그래서 이 정전은 원불교의 원경(元經)이요, 특별한 의미가 들어 있는 경전인 것입니다. 모든 성자들이 거의 돌아가신 뒤에 제자들이 그 말씀을 정리하셨는데 소태산 대종사께서는 직접 편제해 놓고 가신 것입니다.

여기서 중요한 것은 성자들께서 법을 펴실 때는 그냥 펴시는 것이 아니라 대각한 상태에서 시대의 흐름을 보시고 법을 펼치신다는 것입니다. 그래서 소태산 대종사께서도 대각하신 후 먼저 시대의 흐름을 보셨습니다. 소태산 대종사께서는 1천 년, 2천 년 후 앞으로의 시대의 흐름을 물질문명이 한없이 발단된 시대라 내다보시고 그 시대에 맞추어 사람들이 어떤 법으로 공부해야만 잘 살 수 있는가를 밝혀주신 것입니다. 그러하기에 물질문명이 한없이 발달해가고 있는 이 시대에 소태산 대종사께서 밝혀주신 이 교법을 만나고 이 공부를 행할 수 있는 일은 영생을 통해서 참으로 소중하고 더없이 중대한 기연인 것입니다. 소태산 대종사께서는 우리가 살아가야 할 그 길을 정전과 대종경 속에 다각도로 밝혀주셨습니다.

정전은 세 가지 편재로 나뉘어 있습니다. 총서편, 교의편, 수행편입니다. 먼저, 총서편에서는 소태산 대종사께서 펴시려는 큰 틀의 개교동기와 그리고 앞으로 법을 어떻게 펴실 것인가 하는 그 방향을 말씀해주셨습니다. 이어서 교의편에서는 우주의 원리와 삶의 원리와 우리 마음의 원리에 대해서 잘 밝혀놓으셨고, 마지막으로 수행편에서는 그 원리에 바탕해서 구체적으로 어떻게 수행해야 할 것인가를 밝혀놓으셨습니다. 그리고 마지막 법위등급에서는 공부한 것을 스스로 측정하고 대체를 잡을 수 있도록 공증해 놓으시고, 여래를 향해 확실하고 사실적으로 표준을 잡고 공부할 수 있도록 설정한 전무후무한 결정체의 말씀을 담아 놓으십니다. 정전의 말씀은 알고 보면 정말 소중한 말씀이라는 것을 깨닫게 될 것입니다. 다른 경전보다도 정전의 원문을 자주 숙독하고 봉독하시기 바랍니다.

수행편을 살펴보면 그곳에는 일상을 살아가면서 수행하는 요법인 일상수행의 요법과 정기 훈련법과 상시 훈련법이 있습니다. 또한, 염불, 좌선, 의두 연마 그리고, 일기법 등을 밝히셨습니다. 여기서 원불교의 중요한 수행법 중 하나를 살펴보면 바로 움직일 때인 동(動)할 때와 쉴 때인 정(靜)할 때를 막론하고 어느 때 어느 곳에서나 공부할 수 있도록 밝혀놓으셨다는 것입니다. 우리는 보통 마음공부나 명상은 정(靜)할 때만 하는 것으로 생각합니다. 그런데 움직이고 활동할 때도 공부를 할 수 있도록 지도해주신 것입니다. 우리들의 삶을 나눠보면 동(動)하고 정(靜)할 때 딱 두 가지입니다. 그래서 원불교의 마음공부를 하면 하루 종일 마음을 챙기며 살 수 있게 됩니다.

그리고 이 마음공부의 최고의 경지에 가면 동과 정이 둘이 아니라는 것을 알 수 있게 됩니다. 그것은 정전의 마지막 장인 30법위등급 대각여래위에서 말씀해주신 '동(動)하여도 분별에 착이 없고, 정(精)하여도 분별이 절도에 맞는 사람의 위(位)'로서 그것이 마음공부의 최고의 경지입니다.

그리고, 이어서 대종경을 살펴보면 대종경은 대종사님께서 평생 행하고 말씀하신 것을 모아 편찬된 경전입니다. 정산 종사께서는 정전이

---

30 **법위등급[法位等級]** 원불교에서 수행인(修行人)의 인격과 공부 계위(階位)를 여섯 등급 (보통급. 특심급. 법마상전급. 법강항마위. 출가위. 여래위)으로 말한 것. 교법(教法)을 실천하고 법위향상(法位向上)의 훈련을 촉진케 하며 이를 사정(查定)하고 그 결과를 예우(禮遇)하기 위해 제정된 수행계위이다.

'원경'이라면 대종경은 '통경'이라고 말씀해 주셨습니다. 대종경은 우리가 그 법문을 받들면 사통오달로 통할 수 있는 경전이기 때문입니다. 그래서 크고 높고 거룩한 경전이라는 의미를 담고 있는 '[31]대종경(大宗經)'이라고 이름을 지어주신 것입니다. 대종경의 첫 번째 시작인 '서품'은 소태산 대종사님의 대각으로부터 시작됩니다. 서품 1장에서 대각의 소식을 말씀하셨습니다. 또한 서품에는 교단을 이끌어 오신 과정을 담아 놓으셨으며, 소태산 대종사께서 앞으로 법을 펴나가실 경륜과 포부도 담겨 있습니다. 그래서 서품은 대단히 중요합니다. 서품 1장의 말씀인 '만유가 한 체성이요, 만법이 한 근원이로다. 이 가운데 생멸 없는 도와 인과보응 되는 이치가 서로 바탕하여 한 뚜렷한 기틀을 지었도다.'라고 하신 이 말씀 속에 소태산 대종사께서 일생 동안 말씀하시고 행하신 모든 근원이 들어있습니다.

이것을 잘 연마해보셔야 합니다. 그리고 소태산 대종사께서는 그 시대의 모든 경전들을 두루 열람해 보셨습니다. 그중에 금강경을 보시고 찬탄하십니다. '성현들이 많지만 석가모니 부처님이 진실로 성인 중에 성인이시로다' 이렇게 표현하십니다. 그리고 석가모니 부처님께 연원을 대시고 앞으로 법을 펼칠 때 '불법으로 주체 삼아 완전무결한 큰 회상을 이 세상에 건설하리라'라고 표현하십니다. 그리고 서품 3장에서 불법의 네 가지 가닥을 잡으십니다. '불법(佛法)은 천하의 큰 도라 참된 성품의 원리를 밝히고, 생사의 큰일을 해결하며, 인과의 이치를 드러내

---

**31 대종경[大宗經]** 소태산대종사의 언행록으로 원불교 교서의 하나. 총 15품 547장으로 구성되어 있다. 1962년(원기47)에 완정하여 《정전》과 합본, 《원불교 교전》으로 편찬 발행했다.

고, 수행의 길을 갖추어서 능히 모든 교법에 뛰어난바 있나니라.'이 내용들이 서품 1장, 2장, 3장입니다. 그리고 당시 시국을 관망하시고 지도 강령을 '물질이 개벽(開闢)되니 정신을 개벽하자.'라는 표어로 정하십니다. 이어서 교화단에 관하여 이야기해 주시고, 그 다음에 펼치신 사업인 저축조합과 ³²방언공사에 대한 이야기가 나옵니다. 방언공사를 하시던 중에 중요한 말씀을 해주십니다. '우리가 건설할 회상은 과거에도 보지 못하였고 미래에도 보기 어려운 큰 회상이라, 그러한 회상을 건설하자면 그 법을 제정할 때 도학과 과학이 병진하여 참 문명 세계가 열리게 하며, 동(動)과 정(靜)이 골라 맞아서 공부와 사업이 병진 되게 하고, 모든 교법을 두루 통합하여 한 덩어리 한 집안을 만들어 서로 넘나들고 화하게 하여야 하므로, 모든 점에 결함됨이 없이 하려함에 자연 이렇게 일이 많도다.' 나중에 또 말씀드리게 되겠지만 이 말씀은 원불교의 가르침에서 대단히 중요한 말씀입니다. 그리고, 최초의 교당인 '구간도실' 상량문에 쓰셨던 말씀이 담겨 있습니다. 이어서 9인 제자와 창생을 위한 기도를 하십니다. 그래서 ³³법인성사를 나투시고, 앞으로 법을 펼 때 시대에 맞게 어떻게 법을 펼치실지 말씀해주십니다. 여기에도 대단히 중요한 말씀이 담겨 있습니

---

**32 방언공사[防堰工事]** 원불교 교단 초기인 1918년(원기3)부터 1년간 소태산대종사와 제자들이 전남 영광군 백수면 길룡리 앞 해안 갯벌을 막아 농토를 만든 공사. 이 공사로 교단 창립의 물질적 토대 마련, 영육쌍전의 정신실현과 무시선 무처선의 수행정신 확립, 단결과 화합의 정신구현, 공익정신 배양 등 원불교의 정신적·물질적 기본 터전을 닦는 계기가 되었다

**33 법인성사[法認聖事]** 원불교 초창 당시에 행한 기도에서 백지혈인(白指血印)의 이적이 나타난 일. 원불교 창립 당시 구인제자(九人弟子)들이 소태산대종사의 지도에 따라 새 회상 창립의 정신적 기초를 다지기 위해 기도를 올린 바 백지혈인이 나타난 것을 법계의 인증을 받은 성스러운 일이라 하여 법인성사라고 한다.

다. 법을 펴실 때 사·농·공·상(士農工商)을 여의지 않고 사·농·공·상의 일 속에서 공부하고 불법을 닦도록 그렇게 말씀해 주셨기 때문입니다. 또한, 가정생활과 사회생활을 영위하면서 원불교를 신앙하는 재가 교도나 세간을 떠나서 원불교에 들어와 전문으로 일하는 출가가 모두 평등하게 공부하고 사업을 할 수 있도록 하셨습니다. 불공하고 기도하는 부분도 법당이 따로 있고 부처가 따로 있는 것이 아니라고까지 표현하셨습니다. 불법 공부를 잘하면 세상일을 잘하게 되고, 세상의 일을 잘하는 사람이 불법 공부를 잘하는 사람이라고 이렇게까지 표현해 주십니다. 그래서 '앞으로 그런 시대가 될 것 같으면 법당과 부처가 있지 않은 곳이 없다.'라고 말씀하십니다. 대단한 말씀입니다.

'이러한 시대가 되면 부처님의 은혜와 불법이 화피초목 뇌급만방(化被草木 賴及萬方)하여 상상할 수 없는 불국토가 되리라' 이렇게 표현하십니다. 그러면서 당부해 주십니다. '그대들은 이렇게 만나기 어려운 기회를 만나 회상 창립의 창립주들이 되었으니, 창립주로서 아직 내가 증명하지 못한 나의 말이라 할지라도 나의 지도에 잘 순응하면서 공부해나가면 멀지 않은 장래에 가히 그 실지를 보게 되리라'고 하시며, 서품의 대의를 이 속에서 전달하셨습니다.

이어서 소태산 대종사께서는 '교의품'에서 교법의 원리를 밝혀주시면서 유·불·선 삼교(儒佛仙三敎)의 모든 종교를 일원화시켜서 정신의 삶과 육신의 삶을 함께 온전히 완성해 가는 [34]영육쌍전(靈肉雙全) 공부(工夫)와 사업(事業)을 병행하여 복(福)과 혜(慧)를 갖추어가는 이사병행(理事並行)의 공부로 편벽되지 않은 원만한 큰 도를 닦도록 밝히시며 교법의 근본되는 연원을 밝혀주십니다. 그래서 '교의품'입니다. 이 교의품을 바탕해서 수행하는 것입니다. 그래서 다음이 '수행품'입니다.

수행품 1장에서 '일상수행의 요법'으로 교강 전체를 묶어주셨습니다. 그리고 이것을 더 구체적으로 공부시키기 위해서 '상시 응용 주의사항 6조'와 '교당 내왕시 주의사항 6조'를 밝혀 주셨고 그것을 잘 점검하고 조사하는 '일기법'을 말씀하셨습니다. 그러면서 대종사님께서는 '물샐틈없이 수행 방법을 지도하였나니 그대들은 이 법대로 공부하여 [35]초범입성의 큰 일을 빨리 성취하라'고 말씀하십니다. 그러면 수행이라는 것은 어디서 할까요? 바로 인간 세상 속에서 합니다. 그래서 이어서 '인도품'을 밝히셨습니다. 인간 세상 속의 도를 밝히시며 수행을 하도록 하신 것입니다.

소태산 대종사님은 수행을 인간 세상을 떠나서가 아니라 인간 세상 속에 살면서 하도록 특별히 더 밝혀주셨습니다. 소태산 대종사께서 밝혀주신 교법의 큰 특징이 바로 이 인도 정의의 대도를 밝히신 부분입니다. 앞으로 그런 시대가 옵니다. 소태산 대종사께서는 그 앞길을 확연히 내다보시면서 인도 정의의 대도를 '인도품'을 통해 밝히신 것입니

---

**34 영육쌍전[靈肉雙全]** 수도의 삶과 육신의 삶 즉 건강하고 건전한 현실 삶을 함께 온전히 완성해 가는 것을 추구하는 사상. 원불교 교리 표어 중 하나로 《원불교 교전》 맨 머리에 실려 있으며, 공부(工夫)와 사업(事業)을 병행하여 복(福)과 혜(慧)를 원만하게 갖추자는 이사병행의 이념과도 상통한다.

**35 초범입성** 꾸준한 수행 적공을 통하여 범부를 초월하고 성인의 문에 드는 일.

다. 인도품에서는 도와 덕을 밝히셨습니다. 우리가 사는 세계인 인도는 인과법으로 이루어졌습니다. 사람들이 나고, 죽고, 살아가면서 서로 얽히는 모든 인간관계와 오면 가고, 가면 오는 모든 변하는 것은 인과법으로 이루어졌습니다.

그래서 '인과품'이 그 다음에 나옵니다. 그 인과 이법을 좀 더 큰 틀에서 말씀하신 것이 이어서 나오는 '변의품'입니다.

우주의 인과를 변의품이라고 그렇게 표현해 주셨습니다. 우주는 그냥 아무 것도 없이 비어 있는 것처럼 보입니다. 그러나 변의품이 1장 말씀을 보면 우주에는 식(識)이 있습니다. 알 '식(識)' 즉, 우주가 환히 알고 있다는 말입니다. 사람들이 알듯이 우주가 다 알고 있다는 것입니다. 그러나, 우주는 사람이 알듯이 그렇게 아는 것이 아니라 인위나 조작이 없이 저절로 아는 무이이화(無爲而化) 자동적으로 알고 있습니다. 변의품에서는 이러한 우주의 원리에 대해서 여러가지로 밝히셨습니다. 인과와 우주 원리인 변의품을 통달하면 어떻게 될까요? 성리를 깨치게 됩니다. 그래서 '성리품'이 그 다음에 나옵니다.

성리품 1장에는 소태산 대종사님의 대각한 심경을 시로써 읊으신 내용이 나옵니다. '청풍월상시(淸風月上時)에 만상자연명(萬像自然明)이라.' 맑은 바람, 맑은 기운으로 환히 밝아진 달이 떠오르면 자연적으로 만상의 이치가 하나하나 다 드러난다는 말씀입니다. 그리고, 2장에서는 '사람의 성품이 정한 즉 선도 없고 악도 없으며, 동한즉 능히 선하고 능히 악하나니라.'라고 밝혀주시고, 3장에서는 '선과 악을 초월한 자리를 지선(至善)이라 이르고, 고와 낙을 초월한 자리를 극락'이라고 밝혀

주시고, 4장에서는 '큰 도는 원융(圓融)하여 유와 무가 둘이 아니요, 이(理)와 사(事)가 둘이 아니며, 생과 사가 둘이 아니요, 동과 정이 둘이 아니니, 둘 아닌 이 문에는 포함하지 아니한 바가 없나니라.'고 밝혀주십니다. 그리고 이어서 참으로 우리가 새겨야 할 말씀을 해주십니다. '큰 도는 서로 통하여 간격이 없건마는 사람이 그것을 알지 못하므로 스스로 간격을 짓게 되나니, 누구나 만법을 통하여 한 마음 밝히는 이치를 알아 행하면 가히 대원정각(大圓正覺)을 얻으리라.'고 하셨습니다. 우리 생각엔 소태산 대종사님만 대원정각을 이루신 분인 줄 압니다. 하지만, 대종사님께서는 누구나 만법 즉, 우리 일상생활에서의 하나하나의 행동, 하나하나의 마음, 하나하나의 일, 하나하나의 사물을 대할 때마다 큰 한마음을 밝혀가는 공부를 꾸준히 해가다 보면 대원정각을 이룰 수 있다고 밝혀 주신 것입니다. 또한, 남녀노소 선악귀천을 막론하고 누구나 한 마음 밝히는 이치를 알게 하기 위하여 사물이나 자연현상을 통하여 느낀 생각이나 진리의 깨달음을 적는 '감각감상'을 쓰라고 하셨습니다. 그리고, 행하기 위해서 '심신 작용 처리건' 일기를 쓰라고 하셨습니다. 대종사님은 이렇게 구체적으로 공부해나갈 방법을 밝혀주셨습니다. 성리품에서는 이 우주의 원리와 내 자성 원리, 만물의 원리를 밝혀 주십니다. 이 성리품을 통달하면 부처님의 지혜와 능력을 얻게 됩니다.

부처님의 지혜와 능력을 밝힌 장이 바로 이어지는 '불지품'입니다. 그렇게 부처님의 지혜와 능력을 갖추게 되면 그 다음에는 무엇을 얻게 될까요? 바로 자신을 천도할 뿐만 아니라 일체 생령을 천도할 능력을 갖게 되는 것입니다.

그래서 '천도품'으로 이어집니다. 이 부분도 대단히 중요합니다. 우리는 그동안 눈에 보이는 세상이 전부인 것으로 알고 살아왔습니다. 그런데 소태산 대종사께서는 죽음 이후의 삶에 대해서 이 '천도품'에서 명확히 잘 드러내 주셨습니다. 우리가 천도를 하려면 가장 중요한 것이 무엇일까요? 바로 신(信), 믿음, 신성입니다. 천도를 받는 사람들은 신성이 있어야 되고, 천도를 시키는 사람도 내가 능력이 없을 때는 신성을 빌려서 정성으로써 공을 들여야 합니다. 신성이 있어야 법문이 귀에 들어오는 것입니다. 신성이 없으면 절대 들어오지 않습니다. 그냥 흘러가 버립니다. 그래서 믿음이 중요한 것입니다. 믿음이 있으면 법문이 귀에 쏙쏙 들어옵니다.

그래서 신성품 다음에 '요훈품'이 나옵니다. 마음 작용하는 법문, 마음이 근본인 법문을 밝혀 주신 곳이 바로 요훈품입니다. 여기에는 가장 중요하고 간략한 법문을 모아 놓으셨습니다. 그리고 이어서 소태산 대종사께서 직접 진리의 법문을 스스로 실행하시고 나투신 것이 '실시품'입니다. 실시품은 소태산 대종사님께서 실천하시고, 행동하시고, 처사하신 내용이 들어 있는 곳입니다. 불보살의 심신 작용이 실시품에 들어있는 것입니다. 그런데 그 실시는 어디서 할까요? 바로 종교를 믿고 전문적으로 훈련하고 실천하는 사람이 모여 사는 회상인 교단에서 합니다. 그래서 '교단품'으로 이어집니다. 첫 장에 스승과 제자 사이의 도리와 사제지간의 정의를 밝혀 주셨습니다. 그리고 이어서 선진, 후진의 도를 밝히셨고, 교단 생활하는데 필요한 공심(公心)과 회상을 운영해 가는데 어떻게 행동하고 어떻게 함께 해나가야 되는가 하는 부분도 이 교단품에서 밝히셨습니다. 그리고 이어서 소태산 대종사께서 밝히신 것은 교단의 한량없는 앞으로의 전망입니다. 그것이 '전망품'입니다. 전망품 1장에서는 '세상이 말세가 되고 험난한 때를 당하면 반드시 한 세상을 주장할 만한 법을 가진 구세성자(救世聖者)가 출현하여 능히 천지 기운을 돌려 그 세상을 바로잡고 그 인심을 골라 놓나니라.'고 말씀하십니다. 역수(逆數)가 지나 순수(順數)가 돌아온다는 말씀입니다. 역수라는 것은 상극의 시대입니다. 그러한 시대가 지나가고 앞으로는 순수 즉, 상생의 시대가 돌아온다는 말씀입니다. 천지의 기운을 돌리고 세상을 바로잡고 인심을 골라 놓는다고 하셨습니다. 제가 미국에 와서 보니 많은 사람들이 자신들도 모르는 가운데 점점 명상에 관심을 가지고 있다는 것을 알 수 있었습니다. 그렇게 명상을 통해 순수의 방향으로 마음을 자꾸 돌리고 있었습니다. 그렇게 수없는 사람이 와서 명상을 하고 마음에 대해서 깊이 탐구를 하고 자기 삶을 변화시켜 나가고 있습니다. 천지기운이 돌려지고 있는 것입니다. 세상이 점점 우리도 모르는 가운데 한 판이 바뀌어져가고 있는 것입니다. 그것을 내다보신 것이 전망품입니다.

그리고 마지막으로, 부촉의 말씀을 해주십니다. 이 부촉의 말씀은 소태산 대종사께서 일생을 살아가시면서 제자들에게 부탁하고 싶은 말씀을 정리해 놓으신 곳입니다. 그래서 우리는 '부촉품'을 잘 살펴보아야 합니다. 부촉품 1장에서 소태산 대종사께서 '내가 그대들을 대할 때에 더할 수 없는 인정이 건네는 것은 수많은 사람 가운데 오직 그대들이 남 먼저 특별한 인연을 찾고 특별한 원을 발하여 이 법을 구하러 온 것이니라'고 하십니다. 그리고, 깊게 적공하고 공부하라는 뜻으로 여러번 간절히 부촉하여 주십니다. '그대들이 나의 법을 붓으로 쓰고 입으로 말하여 후세에 전하는 것도 중한 일이나, 몸으로 실행하고 마음으로 증득하여 만고 후세에 이 법통이 길이 끊기지 않게 하는 것은 더욱 중한 일이니, 그러하면 그 공덕을 무엇으로 가히 헤아리지 못하리라.'라고 말씀하십니다. 대중에게 설법을 통해 이 법을 전하는 것도 중요한 일입니다. 그러나 몸으로 실천하고 마음으로 증득하는 것은 더욱 중요하다고 표현하십니다. 이 말씀을 잘 새겨 우리들은 글과 말로 배운 것을 몸으로 실행하고, 마음으로 증득해 나가야겠습니다. 그리고 이어서 말씀하십니다. '스승이 법을 새로 내는 일이나, 제자들이 그 법을 받아서 후래 대중에게 전하는 일이나, 또 후래 대중이 그 법을 반가이 받들어 실행하는 일이 삼위일체(三位一體)되는 일이라, 그 공덕도 또한 다름이 없나니라.' 스승이 법을 새로 내는 일이나 제자가 그 법을 받아 가지고 전하는 일이나 그 법을 대중이 반가이 받아서 실행하는 일이 삼위일체 된다고 하십니다. 이 세 가지가 삼위일체라는 것은 정말 놀라운 말씀입니다. 소태산 대종사께서 대각을 이루시고 법을 새롭게 펼치신 것은 어디다 비교할 수 없는 대단히 위대한 일입니다. 감히 우리가 상상할 수도 없는 일입니다. 그런데 소태산 대종사께서는 내가 법을 이렇게 새로 낸 일이나 너희들이 이 법을 잘 받들어 세상에 전하는 일이나, 교도들이 법을 받들어 실행하는 일이 다 하나이며, 그 공덕도 또한 하나요 똑같다라고 말씀하십니다. 정말로 대단한 말씀입니다.

이것이 대종경 마지막 법문입니다. 이렇게 대종경이 구성되어 있습니다. 다시 한 번 말씀드리고 싶은 것은 대종경 첫 장의 소태산 대종사께서 대각하신 소식이 나와있는 서품 1장을 깊게 연마해 보시기 바랍니다. 서품 1장의 말씀은 '만유가 한 체성이요, 만법이 한 근원이로다. 이 가운데 생멸 없는 도와 인과보응 되는 이치가 서로 바탕하여 한 뚜렷한 기틀을 지었도다.'입니다. 그것을 연마한 경지로 모든 대종경 말씀을 쭉 꿰뚫어 보시기를 권합니다. 공부할 때는 한 가닥으로 일관해야 됩니다. 하나로 꿰뚫어 들어가는 것입니다. 그래서 대종경 서품부터 부촉품까지 이 법문들을 깊이 믿고 연마하고 그리고 달통하게 된다면 대원정각(大圓正覺)까지 갈 수 있을 것입니다. 우리 모두 큰 원력과 서원을 가지고 대원정각의 여래(如來)를 향해서 지성으로 공부해 나가시길 염원드리고 기원드립니다.

원불교의 신앙이란 진리가 드러난
그 사실 자체를 그대로 믿는 것입니다.
그러니까 진리에 대한 이해가 신앙의 바탕입니다.
그래서 모두가 부처인 그 자리를 믿고
그대로 실행하는 것이 수행입니다.

-3장-

마음공부 길

# 창조적 노력으로
# 나로부터 몸과 마음의 개벽을

  반갑습니다. 새해 아침을 맞이하여 온 인류와 재가, 출가 전 교도님들이 금년 1년 동안 건강하신 가운데 행복하고 평화롭고 차별없는 평등세상을 열어가시길 간절히 염원을 드립니다. 소태산 대종사께서 신년식에서 하신 말씀 중에 '어제가 별 날이 아니요 오늘이 별 날이 아니건마는, 어제까지를 일러 거년이라 하고 오늘부터를 일러 금년이라 하는 것 같이'라는 법문 구절이 있습니다. 그렇습니다. 어제가 별날이 아니죠. 오늘도 별날이 아닙니다. 그러나 깊이 한번 생각해보면 어제는 별날이 아닐지 모르지만 오늘은 내 삶에 있어서 특별한 날이요, 소중한 날이요, 기적과 같은 날입니다. 진실로 잠시 멈추어 생각해보면 그렇습니다. 지금 이 순간에도 수없는 병원에서 많은 의료진들이 중환자

---

**36 사축이재[四祝二齋]** 원불교에서 제정하여 시행하는 네 가지 경축절과 두 차례의 합동 향례를 합해 부르는 말. 사대 경축절은 신정절·대각개교절·석존성탄절·법인절이며, 합동 향례인 이재(二齋)는 육일대재와 명절대재가 있다. 신정절은 1월1일, 대각개교절은 4월 28일, 석존성탄절은 (음)4월 8일, 법인절은 8월 21일이며, 육일대재는 6월 1일, 명절대재는 12월 1일에 거행한다.

실에 있는 환자들의 생명을 하루라도 더 연장시키기 위해서 온갖 노력과 정성을 다하고 있습니다. 그런데 우리는 오늘 아침에 건강한 몸으로 눈을 뜨고 일어났습니다. 설령 몸이 좀 불편하다고 해도 새로운 하루를 똑같이 맞이했습니다. 이렇게 새로운 하루를 맞이한다는 것이 우리 삶에 있어서 얼마나 소중하고 특별하고 기적과 같은 일인지 대부분 잘 모르고 살아가고 있습니다. 만약 우리가 순간순간 숨쉬고 살아가는 것이 기적과도 같은 일이란 것을 조금이라도 생각하게 된다면 우리의 삶은 엄청나게 달라질 것입니다. 아침에 다시 일어난다는 것은 새로 태어난 것과 같은 기적입니다. 온 천지가 '나'라는 생명 하나를 살리기 위해서 모든 것을 준비해 놓고 생활할 수 있도록 그렇게 펼쳐놓은 하루이기 때문입니다. 몸이 조금 불편하다 할지라도 우리는 모두 이렇게 소중한 하루를 맞이하고 있습니다. 만약 우리 앞에 1년 365일이라는 시간만이 주어졌다고 생각해본다면, 이 일 년이 얼마나 소중하고 감사한 시간이 될까요? 정말 우리는 깊이 생각해 보아야 합니다. 우리가 하루를 맞이하고, 금년을 맞이 한다는 것이 얼마나 소중한가를요.

인도에서 태어난 성자 마더 테레사 수녀를 모두 잘 아실 것입니다. 마더 테레사 수녀는 젊었을 때부터 어려운 사람들과 불쌍한 사람들을 위해서 '죽음의 집(죽음을 기다리는 사람들의 집)'이라는 곳에서 봉사하면서 사셨습니다. 죽음을 기다리는 사람들의 집에는 죽음을 눈앞에 두고 기다리는 사람들이 수없이 많았습니다. 마더 테레사 수녀는 죽음을 눈앞에 둔 사람들을 안심시키고, 위로해 주고, 마음을 평화롭게 해주면서 죽음에 들게 해주셨습니다. 그래서 결국 세계적으로 추앙받는 성자위에 올랐습니다. 그 마더 테레사 수녀가 미국을 방문했을 때 한 기자가 그녀에게 질문했습니다. 많은 사람들이 마더 테레사 수녀를 성자라고 부르는 것에 대한 질문이었습니다.

"당신은 성자입니까?"

마더 테레사 수녀는 한순간도 주저없이 대답했습니다.

"예, 성자입니다."

그리고 바로 이어서 한마디를 덧붙였습니다.

"당신도 성자입니다."

'네. 나는 성자입니다. 그리고, 당신도 성자입니다.' 이렇게 대답한 것입니다. 새겨보면 이 말 속에는 깊은 뜻이 들어 있습니다. 마더 테레사 수녀가 한 유명한 말이 또 있습니다.

"God doesn't require us to succeed, but he only require us to try. "

'신은 우리에게 성공을 요구하는 것이 아니다. 우리에게 오직 노력을 하라고 요구할 뿐이다.'라는 이 말을 테레사 수녀는 자주 했다고 합니다. 테레사 수녀는 어떻게 보면 일생 동안을 그렇게 살았습니다. 어려운 환경에도 좌절하지 않고 끊임없는 노력을 통해서 많은 사람들에게 안심과 마음의 평화와 위로를 주었습니다.

그리고, 미국의 제32대 대통령 프랭클린 루스벨트 대통령은 우리에게 도전과 용기를 준 위대한 대통령 중에 한 사람으로 기억되고 있습니다. 그는 1930년대 미국에 대공황이 왔을 때 뉴딜 정책을 내걸고 대공황을 극복할 수 있도록 했습니다. 루즈벨트 대통령이 특히 신경 쓴 것이 서민들의 삶이었습니다. 불쌍한 사람들, 장애인들, 흑인들 그리고, 어려움에 처한 사람들을 위해서 사회보장제도를 법제화시켜서 대공황을 극복하도록 했습니다. 그래서 루즈벨트 대통령은 미국 역대 어느 대통령도 하지 못한 4선을 했습니다. 네 번이나 대통령으로 뽑혀 12년간 대통령을 지냈습니다. 그는 그 기간 동안 많은 업적을 남겼는데 그 중에 우리가 잘 알고 있는 '국제연합기구(United Nations)'라는 말도 처음 루즈벨트 대통령이 내세웠다고 합니다. 미국에 UN이 자리 잡을 수 있는 기초를 다져주신 분인 것입니다. 그런 루즈벨트 대통령이 자주 한 말 있습니다.

"Don't say to me it can't be done."

할 수 없다고 나에게 말하지 말라. 이 말을 자주하던 루즈벨트 대통령은 대통령 재임 기간 중 다리에 마비가 왔습니다. 그래서 걸어다닐 수 없어 휠체어를 타고 다녔습니다. 이 때는 제 2차 세계대전이 일어나고 참 어려운 시기였습니다. 처리할 어려운 일들이 많았을 것입니다. 그는 그 어려운 일들을 주저없이 극복해 나갔습니다. 그 와중에 반대하는 의견도 많았을 것이고 안 된다는 의견도 많았을 것입니다. 그럴 때 그는 이 말을 해왔던 것입니다. 한 번은 휠체어에 앉아 이야기를 하다가 휠체어의 팔걸이를 탁 짚고 벌떡 일어나서 주저없이 앞에서 한 말을 했다고 합니다. 그리고 또 그가 자주 한 말 중에 유명한 말이 있습니다.

"Happiness lies in the joy of achievement and the thrill of creative effort."

진정한 행복은 성공의 기쁨과 창조적 노력이 주는 쾌감이다. 저는 이 말을 들으면서 'creative effort'에 대해 생각해 봤습니다. 원불교에서는 정진하고 적공한다는 말을 자주 합니다. 정진하고 적공한다는 것이 바로 creative effort, 창조적 노력이구나라는 생각을 했습니다. 삶을 행복하게 살아가는데 가장 중요한 것 중에 하나가 바로 창조적 노력이라는 생각이 들었습니다. 창조적 노력이란 진리와 교법에 근본해서 삶을 새롭게 발전시켜 나가고, 그래서 새롭게 진급하는 삶으로 나아가는 것입니다. 습관적 삶을 벗어나 새롭게 자신의 삶을 발전시켜 나가고 진급하는 삶으로 나아가는 것입니다.

깊이 한번 생각해 보시기 바랍니다. 우리의 삶은 어떻게 이루어져 있습니까? 그리고 지금 이 순간, 나는 누구인가요? 새 아침에 눈을 뜨고 일어났습니다. 작년의 '나' 그대로 살아갈 것인가? 아니면 새 아침에 새 다짐과 새 결심과 새 혼으로 새롭게 살아갈 것인가 생각해 보시기 바랍니다. 나를 누가 만드는 것이 아니라 바로 내가 만들어 갑니다. 그렇기 때문에 나의 조물주는 바로 '나'입니다. 우리는 매년 새해를 맞이하고 또 매일 새 아침을 맞이하며 살아갑니다. 그런데 대부분은 습관대로 하던대로 그냥 살아갑니다. 쳇바퀴 도는 것처럼 그렇게 살아갑니다. 그것을 윤회라고 했습니다. 윤회에는 창조적 노력이 없습니다. 거기에는 발전이 있을 수 없습니다. 알고 보면 나는 매일 새 아침에 매일 새롭게 태어나는 존재입니다. 어제의 나와 오늘의 나, 작년의 나와 내년의 내가 지금의 '나'일까요? 정확히 보면 일 년 동안에 우리 세포는 97~8%가 거의 다 교체된다고 합니다. 올 해의 나는 작년의 내 몸이 아닌 것입니다. 그런데 우리는 대부분 지금의 나를 작년의 내 몸으로 알고 살아갑니다. 거기에는 이유가 있습니다. 세포는 그 전의 세포를 계속 복제하면서 태어나기 때문입니다. 그냥 놔두면 습성대로 하던대로 따라가게 되어 있습니다. 창조적 노력, 변화가 일어나야만 내 삶이 변화될 수 있는 것입니다. 내 몸이 작년의 몸인 줄 알지만 사실 작년의 몸이 아닙니다. 그래서 창조적 노력이 필요한 것입니다. 그렇게 될 때 새 몸, 새 마음으로 태어나는 것입니다. 이것을 소태산 대종사께서는 '개벽'이라는 단어로 표현해 주셨습니다. 끊임없이 개벽이 일어나야 합니다. 정신개벽이 일어나고, 물질개벽이 일어나야 합니다. 가깝게는 내 마음과 몸의 개벽이 일어나야 합니다. 대산 종사께서는 천개지벽(天開地闢)이라는 표현을 하셨습니다. 천개(天開)는 마음에 변화가 일어나는 것입니다. 지벽(地闢)은 몸의 변화가 일어나는 것이고요. 새해를 맞이해서 대개벽이 나로부터 일어나야 합니다. '나로 부터!' 그렇게 살아간다면 오늘 하루하루가 얼마나 소중하고, 얼마나 특별한 날이 될까요? 삶 자체가 얼마나 기적적인 일이 될까요? 그래서 소태산 대종사께서는 '너는 너의 조물주요, 나는 나의 조물주다.'라고 말씀하셨습니다. 나는 누가 만들어 주는 것이 아닙니다. 내가 창조하고 내가 만들어 가고 그것이 내 결과물로 나타나는 것입니다. 오늘의 삶은 미래를 결정하고, 과거의 삶은 오늘의 나에게 영향을 미칩니다, 그러니 내가 오늘 한 번 서원을 세우고, 마음을 굳게 다짐하고, 마음부터 변화를 일으키기 시작한다면 내 삶에 엄청난 변화가 일어날 수 있는 것입니다.

　대각하신 성자의 말씀은 우리 삶과 세상을 변화시키는 뿌리이며, 교과서이자 표준입니다. 성자의 말씀은 진리에 뿌리를 두었기 때문입니다. 진리는 우리 삶을 변화시키는 뿌리입니다. 그리고 경전은 그 표준입니다. 그래서 우리는 올해 1년 동안 소태산 대종사님의 말씀과 스승님들이 말씀해 주신 진리와 교법 정신에 근본하여 자신의 삶을 감동적으로 펼쳐가고 그래서, 열린 평등 세상을 열어가는 주인공들이 되시기를 간절히 염원 드립니다.

우리 삶은 오직 '마음' 먹기에 달려있습니다. 이 마음으로 부터 우리 삶은 시작되는 것입니다. 다시 한 번 깊이 생각하고 숙고해 보시기 바랍니다. 감사합니다.

(원기 108년 신정절 법설)

# 은혜와 감사로
# 이타행의 삶을

4월 대각개교절을 맞이해서 온 누리에 소태산 대종사님의 대각의 빛과 은혜가 충만하길 간절히 염원드립니다. 더불어서 온 인류와 전생령의 앞길에 평화와 평등과 은혜가 가득하길 염원 드리고, 더불어서 세계 곳곳의 분쟁과 갈등이 하루 속히 종식되고 평화가 찾아오기를 간절히 염원드립니다. 오늘은 은혜와 감사와 이타행에 대해서 몇 말씀 드리도록 하겠습니다.

소태산 대종사께서 대각을 이루시고 천지를 살펴보시고 천지에는 도(道)와 덕(德)이 있으며, 이 도가 유행함에 따라 한량없는 덕이 은혜로 나타난다고 하셨습니다. 그리고 그 도를 여덟가지 천지팔도(天地八道)로 밝혀 주셨습니다. 천지의 도는 지극히 밝은 것이며, 지극히 정성한 것이며, 지극히 공정한 것이며, 순리자연 한 것이며, 광대무량 한 것이며, 영원불멸한 것이며, 길흉이 없는 것이며, 응용(應用)에 무념(無念)한 것이라고 여덟 가지로 밝혀 주셨습니다. 천지만물 즉 일체 만물 속에는 이 여덟 가지 도가 합성되어 나타난다는 뜻입니다. 그렇게 이 도(道)가 유행함에 따라서 덕(德)이 나타나고, 그 덕이라는 은혜에서 우리가 생명을 유지하고 형각을 보존한다고 표현해 주셨습니다. 천지의 도가 있음으로써 그 속에서 덕과 은혜가 나타나는데 그 은혜로 이 몸이 구성되었습니다. 그것을 소태산 대종사께서는 다시 대별해서 '천지은, 부모은, 동포은, 법률은' 네가지 은혜로 말씀해 주셨습니다. 이 네 가지 은혜를 깊이 생각해 보려고 합니다. 공기가 있음으로써 우리는 호흡하며 살아가고 있습니다. 그런데 우리는 이것을 당연한 것으로 받아들이고 감사할 줄 모르고 있습니다. 소태산 대종사님은 없어서는 살 수 없는 참으로 크고 근본적인 은혜에 감사하는 생활을 해야 한다고 말씀하셨습니다. 마찬가지로 땅이 있음으로써 우리의 육신을 그곳에 의존하며 살아가고 있습니다. 하지만, 이 은혜 또한 우리는 너무나 당연하게 생각하고 살아갑니다. 그런데 소태산 대종사께서는 이 큰 은혜에 감사해야 한다고 하셨습니다. 해와 달이 있어서 그 밝음으로 만물을 구별하고 바라볼 수 있으며, 그 따뜻함으로 우리가 살아갑니다. 또한, 물이 있음으로써 만물이 풍운우로상설(風雲雨露霜雪)로 장양되고 그 산물로써 우리가 생명을 유지하면서 살아갑니다. 이렇게 공기와 하늘과 태양과 땅과 물 이 속에 불생불멸한 영원한 진리가 들어 있다고 하셨습니다. 진리의 은혜가 이 속에 함께 들어 있다는 사실을 우리에게 밝혀 주신 것입니다. 소태산 대종사께서는 너무나 당연해서 우리가 잊고 있던 생명의 근본이 되며 형각을 유지하게 해주고 생명을 보존해 주는 그 근본 은혜를 깨닫고 감사하라는 말씀을 해주신 것입니다. 이것을 생각하면 일상에서 일어나는 모든 일에 감사하지 않을 수 없습니다. 그래서 소태산 대종사께서는 '일상수행의 요법'에 원망생활을 감사 생활로 돌리라고 말씀해 주신 것입니다. 이 말씀을 깊이 생각해보시기 바랍니다. 소태산 대종사께서 대각을 이루시고 진리를 깨치시고 하신 말씀입니다. 그 핵심을 다른 말로 표현하면 세상은 은혜가 충만하고 늘 감사가 충만한 곳입니다. 온전한 마음으로 진리를 깨치면 반드시 은혜와 감사가 충만하게 되는 것입니다. 수행하는 사람은 갈수록 감사심이 더 확대되어야 하고 은혜가 더 확대되어야 합니다. 대산 종사께서는 이런 말씀을 해주셨습니다.

"왜 사람이 눈이 두 개 있는 줄 아는가? 하나는 안으로 마음을 바라보라는 것이고, 하나는 밖으로 은혜를 발견하라는 것이다."

우리 마음공부하는 수행인들은 안으로는 내 마음의 근본 핵심을 발견하고, 밖으로는 은혜를 발견해 나가는 일에 정성을 다해야겠습니다. 나는 밖으로 얼마나 은혜를 발견하며 살고 있는가? 안으로 얼마나 마음을 살피고 챙기며 살고 있는가를 날마다 살펴야 합니다.

언젠가 한국에 있을 때 부산의 한 호텔에서 하루를 머물게 되었습니다. 그 호텔 침실에 책이 한 권 놓여 있었습니다. 일본인 니시다 노리마사라는 사람이 쓴 '가족, 친구, 일을 위하여 자신을 알자'라는 책이었습니다. 그 책 밑에는 '인생을 풍요롭게 하는 내관'이란 글귀가 적혀 있고 세 가지 내용이 들어 있었습니다. 하나는 자신이 태어나서 부모님으로부터 얼마나 큰 은혜를 입고 지금까지 살았는가를 살펴보라는 것이었고, 또 한 가지는 그 은혜에 내가 얼마나 보답했는가 그리고, 살면서 다른 사람에게 혹시 피해주는 일은 없었는가를 살펴보라는 내용이었습니다. 그리고, 저자 자신이 어린시절부터 깊게 내관을 하면서 하나하나 살펴보는 것이었습니다. 그러면서 자신의 존재가 얼마나 큰 은혜를 입고 얼마나 늘 다른 사람들로부터 도움을 받으면서 살아왔는가를 깨닫고 감동의 눈물을 흘리는 그런 수기였습니다. '현재를 살아가는 나는 매 순간 얼마나 큰 은혜를 입고 살아가고 있는가'를 한번 생각해보시기 바랍니다. 소태산 대종사께서는 내 존재는 그냥 살아가는 것이 아니라 '천지은'이라는 은혜와 '부모은'이라는 은혜와 '동포은'이라는 은혜와 '법률은'이라는 은혜 속에서 살아가고 있다고 말씀해 주셨습니다. 우주의 큰 은혜와 사랑을 네 가지로 대변해서 말씀해 주신 것입니다. '우리의 이 육신은 천지, 부모, 동포, 법률 이 사은의 합자 회사다.' 그렇게까지 표현해 주셨습니다. 내가 옷을 입고, 밥을 먹고, 잠을 자고 생활하는 모든 것이 은혜 아님이 없습니다. 그러나 우리는 대부분 그것이 은혜인 줄 모르고 살아가고 있습니다. 우리가 이 은혜를 깊게 내관하고 그래서 그 안에서 감사심이 우러나게 되면 자신의 삶과 자신의 의식이 달라지게 됩니다. 이렇게 은혜와 감사심을 가질 때 내 안에서 충만한 에너지가 솟아나게 됩니다. 대각개교절을 맞이해서 소태산 대종사께서 하신 여러가지 말씀 중에도 가장 중요한 '사은'의 큰 윤리를 다시 한번 새겨보시기를 바랍니다.

지금 세계는 소태산 대종사께서 말씀하신 사은의 큰 윤리로 한 판이 바뀌어져 가고 있습니다. 이전에 자연은 우리 인간이 개발해야만 하는 대상일 뿐이었습니다. 과학이 발달하면서 무분별하게 자연을 개발해 왔습니다. 그러나 이제는 자연과 공존하면서 살아가려고 노력하고 있습니다. 동물들과도 공존하면서 살아가고, 만물과 공존하면서 살아가려 하고 있습니다. 만물과 공존하면서 살아가는 그 은혜의 관계성을 소태산 대종사께서는 이미 우리에게 밝혀주셨습니다. 이 은혜의 관계성은 돌아오는 시대를 살아가는 큰 윤리입니다. 대각개교절을 맞이해서 은혜와 감사와 이타에 대해서 깊이 생각해보길 간절히 염원합니다. 최근 신문에서 한 기사를 읽었습니다. 그 기사의 내용은 기업은 100년을 가기 어렵고, 국가와 나라는 300년 500년을 넘기기 어려운데 종교는 1000년 2000년을 간다는 것이었습니다. 종교가 1000년 2000년 가는 데는 다섯 가지 이유가 있다고 밝혔는데,

그 첫째는 종교는 끊임없이 궁극적인 데 관심을 갖게 만들기 때문이라고 밝혀놓았습니다. 종교학자 폴 딜리도 종교는 '궁극적인 것에 관심을 갖는 것'이라고 표현했습니다. 그 궁극적 관심이 지난 시대에는 밖으로 향해 있었다면 이제는 내안으로 향하고 있는 상황입니다. 이것이 세상이 한 판이 바뀌어 가고 있는 모습입니다.

두 번째는 종교는 강력한 결속력을 갖는다는 것입니다. 강력한 결속력이란 궁극적 관심을 공유하면서 갖게 되는 것입니다.

세 번째는 종교는 끊임없이 처음으로 회귀하면서 개혁해 나가는데 지역사회 문화와 연계해서 토착시켜 간다는 내용이었습니다. 그렇지 않으면 종교도 길게 갈 수 없다는 것입니다. 원불교가 미국이라는 사회에 들어와서 미국 문화에 맞게 토착해 나가기 위해 원불교 미국총부가 새롭게 출발한 것도 그런 의미가 있는 일입니다. 미국 문화에 맞게

우리 교법을 어떻게 제도화하고, 어떻게 토착화시켜 나가야 할지 계속 연구하고 실행해 가려 노력하고 있습니다. 한량없이 열려가는 시대에 맞게 제도화하고 토착시켜 나가려고 합니다. 그 열려 간다는 뜻에는 상생과 은혜가 같이 들어 있습니다. 앞으로 돌아오는 시대는 상생의 시대입니다. 선천의 시대는 상극의 시대였지만 이제부터는 무한한 상생의 시대가 돌아오고 있습니다. 그렇기에 앞으로는 같이 공존하고 같이 함께 더불어 살아가는 삶으로 나아가야 하는 것입니다. 천지와 더불어서 함께, 부모와 더불어서 함께, 동포와 더불어서 함께, 법률과 더불어서 함께 공존하면서 서로서로 은혜가 넘치는 관계성 속에서 살아가야 할 것입니다.

네번째는 종교는 끊임없이 이타적인 삶을 추구할 수 있도록 가르쳐주고 인도해 준다는 것입니다. 저는 이 다섯 가지 중에서도 이 다섯 번째 이타성이라는 것이 대단히 의미가 있다고 생각합니다. 종교를 믿는 것은 무엇 때문일까요? 물론 나를 위해서입니다. 나를 위해서 믿습니다. 그러나 종교를 믿음으로써 이타심이 점진적으로 이타행으로 확대되어 나가야 합니다. 어느 한 사회에 종교가 들어와 그 종교가 확장될 수 있느냐 없느냐 하는 것은 그 종교가 그 사회에 어떤 이타성을 심어줄 수 있느냐 하는 부분이 대단히 중요합니다. 만약에 종교가 그 지역사회에 이타성을 심어줄 수 없다면 그 지역에서 매력 있는 종교로 자리매김할 수 없을 것입니다. 개인에 있어서도 종교를 믿음으로써 이타심이 자꾸 확대되어 나가야 합니다. 종교도 반드시 어느 지역에 들어가면 그 사회에 무엇인가 이타적인 행위를 해야 합니다. 그래서 소태산 대종사께서도 '일상수행의 요법' 마지막 조항에 '공익심 없는 사람을 공익심 있는 사람으로 돌리자'라고 말씀하셨습니다. 교단에 있어서는 교법의 결론처럼 '무아봉공'을 말씀해 주셨습니다. 이 부분이 대단히 중요합니다. 이것은 바로 이타성과 같이 연결되는 부분입니다. 이 우주에 나타난 모든 현상을 부처님께서 인과법인 연기법으로 말씀해 주셨고, 소태산 대종사께서도 인과법으로 말씀해 주셨습니다. 이 인과법의 중심에 바로 '이타성'으로 나아가라는 뜻이 들어 있습니다. 오늘 대각개교절을 맞이해서 저는 다시 한번 소태산 대종사께서 말씀해 주신 은혜와 감사와 이타행에 대해서 깊이 생각해 보고, 우리 모두가 은혜와 감사와 이타심이 충만한 삶으로 나아가기를 간절히 염원드립니다. 함께 더불어서 늘 은혜가 충만하고, 감사가 충만하고, 이타심이 충만한 삶을 살아갈 수 있기를 간절히 염원드립니다.

(원기 107년 대각 개교절 법설)

# 희망의 씨앗을 심고 실천하는
# 마음공부인이 됩시다.

대각개교절을 맞이해서 소태산 대종사께서 대각하신 대각의 기쁨을 함께 나누고 우리 스스로 대각의 뜻을 깊이 새기면서 행복한 삶을 가꾸어 가는 주인공들이 되시기를 간절히 염원하는 마음으로 희망의 씨앗을 심는 것에 대한 이야기를 드리도록 하겠습니다.

봄은 희망의 계절입니다. 왜냐하면, 봄은 춘종의 계절이기 때문입니다. 춘종은 봄 '춘(春)' 씨앗 '종(種)'자로 씨앗을 심는다는 뜻입니다. 봄은 이렇게 씨앗을 심는 춘종의 계절이고, 여름은 가꾸고 기르는 하육(夏育)의 계절이고, 가을은 추수(秋收)의 계절이며, 겨울은 함장하는 동장(冬藏)의 계절이라고 표현합니다. 봄은 만물이 소생하고 돋아나며 생명력이 솟아나는 계절입니다. 이때 우리는 인생에 어떤 씨앗을 심을 것인가? 깊이 한번 생각을 해보시기 바랍니다. 일본의 야구선수인 오타니 쇼헤이라는 사람에 대해서 알게 되었습니다. 그 사람은 참 대단한 선수입니다. 야구선수로뿐만 아니라 자기 삶을 관리하는데 있어서도 뛰어난 사람이라는 생각을 갖게 됐습니다. 만다라트라는 계획 표가 있습니다. 불교의 만다라와 같이 네모진 칸에 중심 계획이 세워 지고 나머지 여덟 칸은 세부 계획을 세워 실천하는 그런 계획표입니 다. 오타니 쇼헤이는 그 계획표의 중심에 미국에서 유명한 8개 구단에 서 영입 대상 1순위가 되고 싶다는 염원을 적었습니다. 그리고 여덟 가 지 세부 실천할 목록을 정했는데, 그 여덟 가지에서 배울 점이 많이 있 었습니다. 먼저, '몸 관리'를 합니다. 선수니까 당연히 몸 관리를 해야 겠지요. 그런데 그와 함께 '정신 관리'도 합니다. 그리고 또 이어서 '인 간성 관리'를 합니다. 사람으로서 도리를 실천한다는 것입니다. 그리 고 다음으로 '운을 관리'한다고 적었습니다. 행운을 관리한다고 했습니 다. 그 다음에 '변화구 속도'를 관리하고 그리고, 이어서 야구에서 투수 가 원하는 곳에 공을 정확하게 던지는 능력인 '제구 관리'를 하고, 타자 가 치기 어렵게 공을 강하고 정밀하고 변칙적으로 던지는 능력인 '구 위 관리'를 하겠다고 여덟 가지를 정했습니다. 그리고 끊임없이 이 여 덟 가지를 위해서 노력하는데 구체적으로 다시 계획을 세웁니다. 한 가지 예를 들자면, '운 관리'라는 목표를 이루기 위해서 다시 여덟 가지 계획을 세우는데 그 계획이 재미있습니다. '쓰레기 줍기, 인사하기, 부 실 청소하기, 물건을 소중히 사용하기, 응원받는 사람이 되기, 독서 하 기, 심판을 대하는 태도 잘하기' 등입니다. 어떤 심판이 어떤 판정을 내 리더라도 얼굴을 찌푸리지 않고 웃으면서 대하는 것이 세부 실천 사 항인 것입니다. 더 흥미로운 것은 쓰레기를 주우면서 다른 사람이 버 린 행운을 내가 줍는다고 생각한다는 것이었습니다. 대단한 생각입니다. 또한, 인사를 하면서 인사를 할 때 행운이 나에게 온다고 생각하는 것입니다. 인사를 할 때는 머리를 숙입니다. 자연스럽게 겸손해집니다. 그럴 때 행운이 어디로 갈까요? 바로 그 겸손한 마음으로 들어올 것입니다. 또한, 부실 청소를 자신이 먼저 합니다. 그리고 물건을 소중히 사용하고, 응원 받는 사람이 되고, 독서를 하고 그렇게 행운이 올 수 있는 구조를 자기 삶에 만들어 놓는 것입니다. 인간성 관리는 또 어떻게 했을까요? 마찬가지입니다. 예의를 지키고, 감사하고, 배려하고, 신뢰받는 사람으로 살고, 계획을 세워서 지속적으로 지켜나가고, 그렇게 인간으로서 지켜야 할 도리를 적고 그것을 실천해 나갑니다. 그럼 한 번 생각해보시기 바랍니다. 우리는 자신의 인생을 위해서 어떤 씨앗을 심어야 할까요? 씨앗을 심을 때 그냥 심는 것이 아닙니다. 반드시 비전과 목표가 있어야합니다. 소태산 대종사께서 이 회상을 펴실 때도 마찬가지셨습니다. 그냥 펴신 것이 아닙니다. 비전과 목표를 통해서 공부하도록 가르쳐 주셨습니다. 그 비전과 목표는 개교의 동기와 교법의 총설에 들어 있습니다. '고해에 헤매는 일체생령을 광대무량한 낙원으로 인도하려 함'이 원불교의 비전입니다. 그리고 '우주 만유의 본원이요, 제불제성의 심인(心印)인 법신불 일원상을 신앙의 대상과 수행의 표본으로 모시고, 천지·부모·동포·법률의 사은(四恩)과 수양·연구·취사의 삼학(三學)으로써 신앙과 수행의 강령을 삼고, 모든 종교의 교지(敎旨)도 통합 활용하여 광대하고 원만한 종교의 신자가 되자는 것'이 원불교의 목표입니다. 광대하고 원만한 종교 신자가 되자고 하신 소태산 대종사님의 포부가 얼마나 크십니까. 우리도 이 목표하에 끊임없이 씨앗을 심어가야 목표가 이루어질 것입니다. 그렇다면 현재 삶에서 우리는 어떤 씨앗을 심어가야 할까요?

첫째는 마음공부의 씨앗을 심는 것입니다. 먼저 정신수양에 대한 씨앗을 심고 그래서 청정심이 날로날로 넓혀져 가도록 노력하고, 사리연구 씨앗을 심어 지혜의 힘이 날로날로 넓혀져 가도록 정진하고, 작업취사의 씨앗을 심음으로써 취사가 날로날로 바루어져 가야합니다. 그렇게 되면 자신의 인격이 향상될 것입니다. 자신의 부가가치가 향상되고 하는 일마다 잘 되고 마음을 관리할 수 있는 사람이 되어 갈 것입니다.

둘째는 복록의 씨앗을 심어야 합니다. 복도 씨앗을 심지 않고는 오지 않습니다. 소태산 대종사께서는 밥도 제대로 못 먹는 시절인 교단 초창기의 어려운 시절에 모든 교도들에게 밥 먹을 때 곡식을 한 숟갈씩 챙겨서 모았다가 가지고 와서 공도에 바치게 함으로써 복록을 심도록 인도해 주셨습니다. 여기에 소태산 대종사님의 간절한 뜻이 들어있습니다. 복록이라는 것은 순환하는 것입니다. 다만 기연따라 그것을 자신이 관리하는 것입니다. 예를 들어 돈은 흐름입니다. 유통하는 것입니다. 그래서 통화라고도 말합니다. 왔다갔다 하는 것입니다. 심지 않은 사람에게는 절대 오지 않습니다. 대산 종사께서는 천고적금을 말씀하셨습니다.

"마음공부하는 사람, 수행하는 사람은 진리에 적금을 붓는 것이다. 진리에 저금하는 것은 은행과 다르다 복리로 불어난다."

이렇게 표현을 하셨습니다. 자신의 삶을 한번 돌아보시기 바랍니다.

나는 정말로 복록의 씨앗을 심었는가, 안 심었는가?

셋째는 인연의 씨앗을 심어야 합니다. 인연같이 중요한 것이 없습니다. 인연을 잘못 맺어 놓으면 삶이 참으로 괴로워집니다. 인연을 잘 맺어 놓으면 삶이 평화롭고 순탄합니다. 인연 하나 때문에 내가 힘들기도 하고, 내 삶이 펴기도 하고, 내 사업이 성공하기도 하고, 내 사업이 실패하기도 합니다. 인연이 그만큼 중요합니다. 제가 원평에 있을 때 대산 종사님을 모시는데 구리골이라는 곳이 있었습니다. 구리골에 집이 하나 있어서 가서 쉬시곤 하셨습니다. 그렇게 왔다갔다 하시는데, 그 지역에 아무것도 할 줄을 몰라 날마다 빈 지게를 가지고 산에 가서 나무 몇 개를 등에 짊어지고 다니는 할아버지가 한 분 계셨습니다. 어떻게 보면 그냥 보잘 것 없는 할아버지셨습니다. 어느 날 그 할아버지 옆으로 차가 지나가는데 대산 종사께서 차를 세우라고 하셨습니다. 그러시더니 창문을 여시고 호주머니를 뒤지셔서 그 안에 있던 과자하고 껌을 꺼내시더니 그 할아버지에게 주라고 하셨습니다. 그 다음에도 지나다가 그 할아버지를 만나니 또 차를 세우셔서 또 간식을 주셨습니다. 그렇게 만날 때마다 주셨습니다. 그러니까 나중에는 우리 차만 지나가면 할아버지가 멀리서도 막 뛰어왔습니다. 그리고 우리가 간 다음에는 우리가 가는 곳을 향해 계속 절을 하는 것이었습니다. 그 모습을 보고 한 생각이 들었습니다. 세상 사람들 같으면 그냥 무시하였을 할아버지에게도 그렇게 소중하게 대하시는 것이 바로 성인의 심법이구나 하는 생각이 들었습니다. 또한 세세생생 그 할아버지가 대산 종사님을 따라다니면서 받들 것 같다는 생각도 들었습니다. 인연이라는 것은 정말로 소중합니다. 인연 관리를 잘하고 또한 좋은 인연의 씨앗을 계속 심으시기 바랍니다.

넷째는 서원과 원력의 씨앗을 심어야 합니다. 소태산 대종사께서 이 회상을 건설하실 때 그냥 세우신 것이 아니십니다. 구인 제자에게 생명을 바치는 기도를 올리도록 하셨습니다. 그렇게 큰 원력으로 이 회상을 탄생시키셨습니다. 이 회상은 소태산 대종사님의 대각으로부터 시작합니다. 그런데 정작 진리 인증을 받고 이 회상이 명실공히 대회상의 자리를 잡은 것은 구인 선진의 기도를 통해서입니다. 소태산 대종사께서도 우리의 성공은 이로부터 비롯되었다고 그렇게 표현하셨습니다. 이 회상의 시작을 기도를 통해서 출발하신 것입니다. 개인도 마찬가지입니다. 그래서 우리에게 아침 저녁으로 끊임없이 기도를 하라고 하신 것입니다. 하루를 시작할 때, 하루를 마칠 때 그리고, 일생을 시작할 때 또한 일생을 마칠 때, 월초, 월말, 연초, 연말 끊임없이 기도를 통해서 원력과 서원을 굳혀 행운의 주인공이 될 수 있도록 인도하셨습니다. 이렇게 씨앗을 심으면 삶이 달라질 것입니다. 소태산 대종사께서는 법의 씨앗을 심고, 복록의 씨앗을 심고, 인연의 씨앗을 심고 그리고, 서원과 원력으로 기도의 씨앗을 심도록 길을 열어주셨습니다. 우리 마음공부인들은 이렇게 끊임없이 희망의 씨앗을 심는 사람이 되어가야겠습니다. 끊임없는 자기 성찰로 자각 의식을 가지고 자기 자신을 변화시켜 나가야 하는 것입니다. 은나라 시조 탕왕은 세수대야에 '구일신 일일신 우일신(苟日新 日日新 又日新)'을 새겨두고 세수할 때마다 늘 그걸 보며 마음을 새롭게 했다고 합니다. 진실로 날로 새롭게 하고, 날로 새롭게 하고 또, 날로 새롭게 한다는 이 말을 되뇌이며 자기 스스로를 날로 새롭게 하려 노력하면서 위대한 왕이 되었습니다. 우리 삶도 마찬가지입니다. 만약 자기 관리를 하지 않고 자기를 바꿔나가지 않는다면 어떻게 될까요? 늘 습관 속에서 그냥 살아가게 될 것입니다. 아침 먹고, 점심 먹고, 저녁 먹고, 직장 가서 일하고, 퇴근하고, 잠들고 또, 그렇게 다시 자고 일어나고 자고 일어나고 그렇게 습관성으로 살아갈 것입니다. 그렇게 사는 삶에는 변화가 없습니다. 그 안에 자각 의식이 하나 생겨서 내가 내 삶을 바르게 변화시켜 가야겠구나. 그렇게 마음을 먹고 계획을 세우고 나간다면 반드시 변화가 옵니다. 이것을 대산 종사께서는 '적공, 정진'으로 말씀해 주셨습니다. 적공하고 정진하지 않는 사람이 어떻게 변화할 수 있을까요. 마음공부인들은 마음공부에 끊임없이 적공하고 정진을 해야 합니다. 적공, 정진은 씨앗을 심은 후 물을 주고 잡초를 뽑으며 가꾸어 나가는 것입니다. 그래야 변화가 옵니다. 인간은 위대한 존재입니다. 사람은 위대한 존재라고 많은 성자들께서도 말씀해 주셨습니다. 천지에 비유할 만큼 위대합니다. 우리 한 사람 한 사람이 모두 하늘이고 땅입니다. 그런데 그걸 모르고 그냥 살아갑니다. 호박벌이라는 벌이 있습니다. 호박벌은 2.5센티 정도 크기라고 합니다. 날개는 적고 몸통은 통통합니다. 유체 역학적으로 볼 때 호박벌은 날 수 없는 구조입니다. 그런데 호박벌이 납니다. 초당 230회 남짓 날갯짓을 해 일종의 회오리 구조를 만들어서 난다고 합니다. 그리고 하루에 200킬로 정도를 왔다 갔다 하는데 비행 양으로는 꿀벌을 제친다고 합니다. 우리가 우리 자신을 변화시키려고만 한다면 얼마든지 변화할 수 있습니다. 우리는 위대한 존재입니다. 우리 모두는 불성을 가지고 있기 때문입니다. 부처님과 똑같은 불성을 우리 모두 가지고 있습니다. 그래서 중생의 탈을 벗고 부처의 삶으로 변화시키는 삶으로 조금씩 바꾸어 나아가야 하는 것입니다. 왜 부처의 삶으로 바꾸어 가야할까요? 타인을 위해서가 아닙니다. 바로 나의 삶이 행복해지기 때문입니다. 삶이 살맛나기 때문입니다. 많은 이들이 삶이 힘들다고 합니다. 날마다 힘들어하면서 살아갑니다. 그런데 참으로 마음공부하는 사람은 아침에 일어나면 기쁩니다. 새벽에 일찍 일어나도 그것이 기쁨이고, 저녁에 늦게 자도 그것이 기쁨입니다. 일이 있으면 일이 있어서 기쁨이고, 사람을 만나면 만남이 기쁨입니다. 그것을 통해서 자기 삶을 변화시켜 가는 계기가 되고 초점이 되기 때문입니다. 이렇게 끊임없이 자기 표준을 가지고 자신을 변화시켜 가는 주인공이 된다면 우리는 늘 기쁨 속에 살 수 있습니다.

이렇게 희망의 씨앗을 심은 후에는 실천하고 행동하는 주인공이 되어야 합니다. 실천하고 행동하지 않으면 발전할 수가 없습니다. 가꾸지 않으면 씨앗이 자라지 못하는 것과 같습니다. 소태산 대종사께서는 실천과 행동을 결실에 비유해 주시고, '작업취사'로 말씀해 주셨습니다. '실제 일을 작용하는 데 있어 실행을 하지 못하면 줄기와 가지와 꽃과 잎은 좋은 나무에 결실이 없는 것과 같다'라고 비유해 주셨습니다. 대산 종사께서도 '미래의 종교는 실천하는 종교, 활동하는 종교, 수신하는 종교'라고 말씀해 주셨습니다. 실천하고 활동하지 않으면 종교의 가치를 드러낼 수가 없습니다. 그렇습니다. 종교인이 먼저 솔선수범해야 합니다. 그래야 세상이 변화되고, 자신의 삶이 변화되고, 자신과 세상의 주인공이 되는 것입니다. 대산 종사께서 교리를 구도화한 교리도를 만드실 때 그 표면에 이렇게 쓰셨습니다. '실천의 종교, 세계의 광명'. 종교의 진정한 빛이 실천에서 나온다는 뜻입니다. 이렇게 자신의 삶을 진리에 맞게 실천하고 공부하고 수양하는 주인공들이 되시기를 간절히 염원드리며 다시 한번 대각개교절을 맞이해서 마음 깊이 희망의 씨앗을 심고 스스로를 끊임없이 성찰해가면서 실천하고 행동하고 변화시켜 가는 주인공들이 되시길 간절히 염원드립니다. 다시 한번 소태산 대종사님의 대각의 빛이 온 누리에 가득하길 염원합니다.

(원기 108년 대각 개교절 법설)

# 사람답게 사는 길

　소태산 대종사님의 대각의 빛과 광명이 온 누리에 가득하길 간절히 염원을 드리며, 오늘 대각개교절을 맞이해서 대산 종사께서 말씀해 주신 온 인류가 사람답게 잘사는 5가지 길에 대한 법문을 같이 생각해 보고 궁구해 보는 시간을 갖도록 하겠습니다. 예전에 대산 종사님을 모시고 완도에 가게 되었을 때의 일입니다. 어느날 그곳 가까운 절에 인연이 있는 스님 한 분이 대산 종사를 뵈러 양손에 큰 수박을 들고 오셨습니다. 스님들은 어디 다니실 때 그런 것을 잘 들고 다니지 않으시는데 그렇게 수박 두 통을 들고 오셨습니다. 그 스님은 함께 대중들과 합석하게 되었습니다. 대산 종사께서는 한 말씀 하시라고 권하셨고 그 스님은 일어나서 이런 말을 하셨습니다.

　"우리는 보통 사람다운 사람이 되어야 한다는 말을 많이 합니다. 그런데 그 말을 저는 이렇게 이야기합니다. 사람다운 사람이 되려면, 사람다운 사람을, 사람다운 사람이, 사람답게 봐주어야 사람다운 사람이 된다."

이 말씀에 대중이 다같이 크게 웃었던 기억이 납니다. '사람'이라는 말에는 큰 의미가 있습니다. 사람 '인(人)'자를 한자로 보면 획이 혼자 있지 않습니다. 사람은 혼자 사는 것이 아니라 더불어서 같이 살아간다는 뜻이 들어있는 것입니다. 더불어서 같이 살아간다는 뜻에는 사람 '인(人)'자에 두 '이(二)'변을 쓴 어질 '인(仁)'자의 뜻도 들어있습니다. 그러니까 사람이 그냥 살아가는 것이 아니라 사람답게 살아갈 때 사람으로 살아갈 수 있다는 것입니다. 우리나라에 어린이날을 제정하고 '어린이'라는 낱말을 최초로 쓰신 소파 방정환 선생님은 이런 말씀을 하셨다고 합니다. 방정환 선생은 어느 날 칠판에 사람 '인(人)'자 6개를 쓰시고 학생들에게 이것이 무슨 뜻인 줄 아느냐고 물었습니다. 학생들은 대답하지 못했습니다. 소파 방정환 선생은 그 답으로 이렇게 이야기하셨다고 합니다.

"사람아, 사람아, 사람은 사람다운 사람이어야 사람이라고 말할 수 있어요."

대산 종사께서도 사람 '인(人)'자를 붙여서 온 인류가 사람답게 잘 사는 길 5가지를 말씀해주셨습니다.

첫 번째는 인생(人生)이니, 생명을 살리는 방향으로 같이 살자 하셨습니다. 사람이 살아가는 것을 인생이라고 부릅니다. 사람 '인(人)'자와 살 생(生)자를 썼습니다. 그 의미 속에는 생명을 살리는 의미가 들어있는 것입니다. 즉, 활생(活生) 위주로 생명을 살리면서 살자는 말씀입니다. 우리가 살아갈 수 있는 것은 일체 만물이 우리를 살려주어서 입니다. 그러하기에 우리도 생명을 살리는 행위를 하면서 살아가는 것이 참으로 사람답게 사는 길이 되는 것입니다. 현재는 과거와 달라서 만물과 공존하는 삶을 살아가게 되어있습니다. 우리가 아침에 일어난 건 태어났다는 뜻입니다. 저녁에 잠을 잔다는 것은 죽는다는 뜻이고요. 그렇기에 하루라는 것은 우리에게 기적과 같은 일입니다. 기적과 같은 그 하루를 살 때, 내가 어떤 활동을 했느냐 하는 것은 대단히 중요한 의미가 있습니다. 대산 종사께서는 그 하루를 활생 위주로 생명을 살리면서 살아가는 사람이 되라고 하신 것입니다.

두 번째는 인간(人間)이니, 중도를 잡아 알맞게 살자 하셨습니다. 인간이란 사람'인(人)'자에 사이 '간(間)'자 입니다. 사이 '간(間)'은 더불어서 같이 살아가는 관계성을 말씀하신 것입니다. 거기에는 반드시 따라붙는 말이 있습니다. 인간은 시간과 공간 속에서 살아갑니다. 그런데, 이 시간과 공간을 진리적으로 보면 공간은 불생불멸의 이치에 바탕 한 것이고, 시간이라는 것은 인과보응의 이치에 바탕 한 것입니다. 그러니까 우리가 깊이 더 숙고해 보면 인간은 그냥 살아가는 것이 아니라 인간이 되었으면 그 근원을 알고 살아가야 한다는 것입니다. 사전에서는 인간은 직립보행하고, 언어와 도구를 사용할 줄 알고, 문화를 향유하고, 생각과 웃음을 가진 동물이라고 표현합니다. 그런데 여기에 더해 한 가지 더 중요한 특징이 있습니다. 바로 사람은 사람과의 관계성 속에서 살아간다는 것입니다. 그 관계성 속에서 과불급 없이 중도로 살아가라고 말씀하신 것입니다. 중도(中道)라는 말은 상당히 어려운 말일 수 있습니다. 우리는 흔히 중도는 양쪽의 중간이라고 생각하는데, 중도의 본의는 가장 적절한 것을 말하는 것입니다. 그래서 때로는 과한 것이 중도가 될 수도 있고, 미흡한 것이 중도가 될 수 있는 것입니다. 미흡해야 될 때는 미흡한 것이, 과해야 할 때는 과한 것이 중도가 될 수 있는 것입니다. 상황에 맞게 적절히 중심을 잡는 것이 중도인 것입니다. 즉 상황에 따라서 조금씩 다른 것입니다. 그것이 진정한 중도입니다. 대산 종사께서 기원문 걸어에서 첫 번째 기원하신 내용이 '일상원(一相圓), 중도원(中道圓), 시방원(十方圓)'입니다. 일상원이라는 것은 내 삶과 내 자신이 일원상 진리에 딱 합일해버리는 것입니다. 중도원이라는 것은 만물을 대할 때 상황에 맞게 적절하게 불공을 하라는 말씀입니다. 불공을 하는 것이 바로 중도의 길입니다. 그렇게 하면 시방세계가 다 일원의 세계로 화하는 것입니다. 그래서 일상원과 중도원과 시방원은 떨어질 수 없는 관계인 것이며, 일상원과 시방원 사이에 중도원을 말씀해 주신 것은 관계성 속에서 중도로서 살아가라는 뜻인 것입니다.

세 번째는 인도(人道)라고 말씀해 주셨습니다. 인도는 바른길, 정도(正道)로 사는 것입니다. 차가 가는 길에는 차도가 있고, 하늘에는 천도(天道)가 있고, 인간에게는 인도(人道)가 있습니다. 그렇게 모두 각각의 길이 있습니다. 사람은 육신으로만 사는 것이 아니라 마음과 정신으로 살아갑니다. 성자들은 그 정신의 길을 밝혀놓으신 것입니다. 소태산 대종사께서는 그 인도(人道)를 '수양'과 '연구'와 '취사'의 삼학(三學)으로 바르게 걸어가도록 하셨습니다. 이렇게 걸어가는 것을 다른 말로 표현하면 인도정의(人道正義)의 대도(大道)입니다. 인도정의 대도란 아무리 돈과 지식과 권리가 많더라도 마음이 바르지 못하면 돈과 지식과 권리가 결국 죄악을 짓는 근본이 될 수 있으며, 마음이 바른 뒤에야 돈과 지식과 권리가 다 영원한 복으로 화한다는 말씀이며, 한마음이 선하면 모든 선이 이에 따라 일어나고 한마음이 악하면 모든 악이 이에 따라 일어난다는 법문 말씀이기도 합니다. 그 바른 한마음이 인도(人道)인 것입니다. 전망품에 소태산 대종사께서 읊으신 '천지회운정심대(天地回運正心待)'라는 한시(漢詩) 구절이 나옵니다. 그 뜻은 앞으로 큰 운세가 돌아오는데 그 운세는 바른 마음 가진 사람이 받는다는 뜻입니다. 인도는 이렇게 바른 마음으로 사는 것입니다.

네 번째는 인정(人情)입니다. 인정이란 사람'인(人)'자에 뜻 정'(情)'자입니다. 사람은 인정 즉, 따뜻한 마음이 있어야 합니다. 저의 어릴 때 기억 중에 집안 식구 중에 누가 생일을 맞거나 경사가 있을 때는 반드시 떡을 장만했는데, 그 떡을 접시에 담아서 어린 자녀들이 이웃에게 나누어 주도록 했던 기억이 떠오릅니다. 옛날에는 이웃 간에 이렇게 같이 인정을 교분하면서 살아갔습니다. 인간은 혼자서는 살 수 없습니다. 이렇게 함께 같이 나누며 더불어 살아가야 하는 것입니다. 대산 종사께서는 '인정있는 사람이 되어라. 그를 더 크게 넓혀서 말하면 천지와 부모와 동포와 법률의 사은(四恩)에 보은하면서 사는 삶을 살아라' 이렇게 표현하셨습니다. 그런데 여기서는 주의할 것이 있습니다. 인정이 과하게 되면 애착이 될 수 있다는 것입니다. 그래서 '인정이 적절하면 덕이 되나니라.'라고 정산 종사께서는 말씀하셨습니다. 인정을 적절하게 그 상황 상황에 맞게 쓸 줄 알아야 하는 것입니다. 즉, 인정(人

情)과 신의(信義)를 지키되 사은의 크신 은혜에 보은하며 살아가라 하신 것입니다.

　다섯째는 인본(人本)입니다. 인본은 사람 '인(人)'자 근본 '본(本)'자로 무슨 일이든지 그 근본을 생각하여 세상일을 내 일로 알고 살자는 말씀입니다. 온 세상이 다 사람의 근본이 됩니다. 그러하기에 세상일을 내 일같이 생각하여 함께 협력하면서 살아가라고 말씀하신 것입니다. 정산 종사께서도 회룡고조(回龍顧祖)라는 말씀을 하셨습니다. '회룡고조(回龍顧祖)는 산의 지맥이 뻗어 내려오다가 그 본산을 돌아다보는 형국을 이름이라, 무정한 산맥도 그 근본을 잊지 아니하고 돌아다보므로 그 지기(地氣)가 매양 승하다 하나니라. 돌이켜 살펴보면 우주 만유는 허공에 근본해 있고, 모든 유정은 각기 마음에 근본해 있고, 모든 인류는 각기 조상에 근본해 있다'라고 말씀하셨습니다. 용처럼 뻗은 산맥이 내려오다가 그 근본 뿌리인 조상 할아버지 산을 돌아보는 자리를 '회룡고조'라 하고 그 자리를 명당자리라 한다는 이 예를 통해 무정한 산맥도 그 근본을 볼 줄 알아야 좋은 자리가 되듯이, 사람도 그 근본을 바라볼 줄 알아야 사람다운 삶을 사는 사람이라고 말씀하신 것입니다. 대산 종사께서 사람답게 사는 길로 밝혀주신 이 5가지 공부를 마음에 깊이 새기기를 빌며, 한 가지 더 덧붙이고 싶은 이야기가 있습니다. 리더스 다이제스트 잡지에서 20세기 최고의 수필 중 하나로 꼽은 것이 헬렌 켈러 여사의 '3일만 볼 수 있다면'이라는 글이라고 합니다. 헬렌 켈러 여사가 그 글에서 말합니다. 3일만 볼 수 있다면 첫째 날 나는 나를 가르쳐주신 스승인 앤 설리번 선생님의 얼굴과 모습을 보고 싶습니다. 그리고 아름다운 꽃과 풀 그리고, 빛나는 저녁노을을 보고 싶습니다. 그리고 둘째 날이 되면 새벽에 일어나 먼동이 터오르는 동녘을 바라보고 싶습니다. 그리고 저녁에는 영롱하게 빛나는 별을 바라보고 싶습니다. 마지막 셋째 날에는 아침에 일찍 일어나 부지런히 출근하는 사람들의 활기찬 모습을 보고 싶습니다. 그리고, 오후에는 영화를 보고 싶고, 저녁에는 3일간 볼 수 있는 눈을 갖게 해주신 신께 감사 기도를 올리겠습니다. 우리에게는 너무나 평범한 이 일들이 그녀에게는 간절한 소망이었습니다. 헬렌 켈러 여사가 그렇게 간절히 소망했던 삶을 우리는 지금 살고 있는 것입니다. 어떤 분이 헬렌 켈러 여사께 물었습니다.

"당신은 일생 중 행복한 날이 있었습니까?"

헬렌 켈러 여사는 이렇게 답했습니다.

"나는 일생 중 단 하루도 행복하지 않은 날이 없었습니다."

그녀의 스승은 실패하면 실패 자체가 삶에 있어서 성취라고 가르쳤다고 합니다. 수없이 실패해도 또 시작하고 또 시작하고 그래서 결국 그 실패의 감각을 통해 말을 배우는 성취의 삶을 살았던 것입니다. 또 한 사람이 있습니다. 전 유럽을 제패하고 '나의 사전에 불가능은 없다'는 유명한 말을 남긴 나폴레옹입니다. 어떤 사람이 그가 죽기 전에 물었다고 합니다.

"당신은 일생에 행복한 날이 있었습니까?"

"내 일생에 난, 단 6일간 행복했을 뿐이다."

라고 답했다고 합니다. 여기에서 중요한 의미를 찾아볼 수 있을 것입니다.

사람이 만물을 어떤 자세와 마음가짐으로 대하고 사용하느냐에 따라 각 개인과 가정 그리고, 사회와 세상이 평화로울 수도 혼란스러워질 수도 있습니다. 사람다움의 도가 바로 설 때 이 세상은 평화롭고 서로 넘나드는 낙원 세상을 이루게 될 것입니다. 다시 한번 대산 종사께서 사람답게 사는 길이요, 온 인류가 잘사는 길로 밝혀주신 다섯 가지 공부를 함께 생각해보면 좋겠습니다.

첫째는 인생(人生)이니, 생명을 살리는 방향으로 같이 살며, 둘째는 인간(人間)이니, 중도를 잡아 알맞게 살고, 셋째는 인도(人道)니, 삼학공부로 바른 길인 정도(正道)로 살며, 넷째는 인정(人情)이니, 인정(人情)과 신의(信義)를 지키되 사은의 크신 은혜에 보은하며 살며, 다섯째는 인본(人本)이니 무슨 일이든지 그 근본을 생각하고 세상일을 내 일로 알고 살아 생의 가치를 발현하는 주인공들이 되시길 염원합니다.

(원기 109년 대각개교절 법설)

# 법인절(法認節) 그리고,
# 무아봉공의 대공심

　　원불교 최대 경축일 중의 하나인 법인절을 경축하며 현장에서 구인 선진의 정신을 계승하고 이어받아서 정성과 혼신의 힘을 다하고 계시는 모든 교무님들과 교도님들에게 먼저 깊은 감사를 드립니다.

　　원불교가 시작된 것은 소태산 대종사님의 대각으로부터입니다. 그러나 정작 원불교가 토대를 확고히 한 것은 소태산 대종사께서 9인 선진들과 더불어서 생명을 건 기도를 통해 백지혈인의 이적을 나투신 기도로부터 시작이 됩니다. 대종경 서품14장에 보면 소태산 대종사께서 구인 제자의 생사를 초월한 지극한 정성이 드디어 백지혈인의 이적으로 나타남을 보시고 말씀하시기를 '그대들의 마음은 천지신명이 이미 감응하였고 음부 공사가 이제 판결이 났으니 우리 회상의 성공은 이로부터 비롯되었다'라는 표현을 하십니다. 구인 제자가 정성을 다해서 지극한 정성으로 기도를 올림으로써 진리의 인증을 얻어내셨고 지금의 원불교로 이어지고 있는 것입니다. 우리 교단의 초창기 구인 제자는 마치 부처님 당시의 10대 제자, 예수님 당시의 12사도, 공자님 당시 공문십철과 같은 뜻이 있습니다. 그러나 대종사님과 구인 제자들은 특별히 더 의미가 있습니다. 창생을 구원하기 위해서 생명을 바쳐서 기도를 하신 것입니다. 그래서, 백지혈인 이적의 성사를 나투셨습니다. 어떻게 보면 영광촌에서 가정을 위해서 살고, 영광 지역 정도에서 이름을 알리면서 살 수 있었을 분들이었는데 소태산 대종사를 만나서 창생을 위한 기도를 통해 교단 만대의 창립의 선진으로 받들어 모셔지게 됩니다. 이 의미는 대단히 크다는 생각이 듭니다. 그래서 그 구인선진 한 분 한 분의 이름을 새기면서 한 분 한 분의 면모를 간단히 살펴보고 그 법인 정신에 대해서 몇 말씀을 드리도록 하겠습니다.

먼저 일산 이제철 선진님이십니다. 일산 선진님은 영광에서 영광의 인물이라고 할 정도로 용모가 뛰어나셨는데, 한 번은 사산 오창건 선진께서 천상에서 세상을 구하러 온 처사가 한 분 계신데 가서 뵙지 않겠느냐고 말씀하셔서 소태산 대종사님을 뵈러 가셨다고 합니다. 그 때가 소태산 대종사께서 대각을 이루신 4월입니다. 일산 선진님은 소태산 대종사님을 한 번 뵙고 그 용모에 위압이 되고 감동이 되어서 얼굴을 들지 못했다고 합니다. 그래서 그러셨는지 일산 선진께서는 소태산 대종사님의 외모와 용모에서 그 인격과 그 위용을 찾으려고 그러셨던 것 같습니다. 한 번은 대종사님의 머리의 백회 쪽을 바라보는데 그냥 회오리바람이 부는 것 같으면서 그 속으로 빨려 들어가는 것 같았다고 합니다. 그래서 잠깐 깜짝 놀랐는데 그 후 정신을 차려서 보니 소태산 대종사님께서 지긋이 웃으시면서 "용모를 통해서 나를 찾으려고 하지 마라. 법과 마음에서 찾으려고 해라"라고 하셨다고 합니다. 그 뒤부터는 유념하여 소태산 대종사님의 법에 대한 신심으로 소태산 대종사님의 심법을 배우려고 노력을 하였다고 합니다. 특히, 일산 선진께서는 소태산 대종사님과 같은 해에 태어나셨고, 열반도 같은 해에 하십니다. 참 지중한 인연이셨던 것 같습니다. 소태산 대종사께서 "일산은 세세생생 나와 더불어서 공사를 같이 할 사람이다"는 말씀도 하셨다고 합니다. 특히, 일산님은 원불교 연원 경전인 〈금강경〉을 불갑사에서 구해다가 소태산 대종사께 드렸던 기연이 있으십니다. 그리고 일산님 뒤를 이어 그 가문에서 수없는 종사위, 대봉도를 비롯하여 수없는 전무출신과 원불교 공도자들이 나오셨습니다. 또한, 일산님은 원불교 초창기 교단에 어려운 일이 있을 때 관공서에 가서 외교를 담당하시면서 선진으로서 교단에 지중한 역할을 하셨습니다. 그리고, 이산 이순순 선진님은 '순'자가 열흘 '순'자입니다. 아마 10월 10일 날, 10이 두 번 겹친 날에 소태산 대종사님을 뵈었던 것 같습니다. 그래서 열흘 순, 10이라는 '순'자를 써서 이순순이라고 이름을 지어주신 것 같습니다. 이산님께서도 상당히 기골이 장대하고 대종사님보다 12살 위신데도 소태산 대종사님을 옆에서 지극 정성으로 받드신 공덕이 있습니다. 그리고 이산 선진께서는 특히 대종사께서 대각을 이루기 6년 전 생활이 곤궁하실 때 그것을 해결해 드리기 위해서 칠산 유건 선진님과 이원화 선진님을 모시고 신안군 탈이섬으로 가서 물고기를 배에서 잡아서 바로 배에서 파는 장사인 민어 파시를 해서 3개월 동안 빚도 다 탕감하고, 소태산 대종사님을 모시는 그런 역할을 해주셨습니다. 특히, 이순순 선진님은 [37]재가로서 사신 분입니다. 대종사님께서 한 번 물으십니다.

"재가 공부를 어떻게 하는가?"

이 순순 선진이 답하셨습니다.

"마음 안정하기를 주장하고 있습니다."

다시 대종사께서 물으십니다.

"마음 안정을 어떻게 하는가?"

"마음 안정을 할 뿐 어떻게 하는지 방법은 잘 모르겠습니다."

라고 대답하십니다. 그러자 소태산 대종사께서 '외정정 내정정'의 공부 방법을 말씀해주십니다. '외정정'이라는 것은 대의를 세우고 취사를 함으로써 망념과 잡념이 없게 하고, '내정정'이라는 것은 시간 있을 때 염불과 좌선을 해서 잡념이 일어나지 않게 하는 공부법이라고 말씀해주십니다. 또한 소태산 대종사님과의 이런 일화가 있습니다. 소태산 대종사께서 대각하시기 전인 강변 입정상 즈음에 입정에 드셨는데, 바람이 심하게 불어 지붕의 나래장이 날아가고 비가 새고 있었다고 합니다. 그런데도 소태산 대종사께서는 입정에 계셨던 것 같습니다. 그 이야기를 들은 이순순 선진님께서는 대종사님 댁으로 달려가서 지붕을 이어가지고 비가 새지 않게 하셨다고 합니다. 소태산 대종사님의 대각 전부터 이렇게 대종사님을 뵙고 모셨던 선진님 중에 한 분이십니다.

삼산 김기천 선지님께서는 제일 먼저 초견성 인가를 받으신 선진이

---

**37 재가** 재가교도의 준말. 출가하여 교역에만 전무하는 교도가 아닌 일반교도를 말함.

십니다. 삼산 김기천 선진님께서는 비가 와도 빨리 가지 않으셨다고 합니다. 그러면서

"앞에 오는 비까지 당겨서 맞을 필요가 있는가."

라고 말씀하셨다고 합니다. 늘 천천히 걸으시고 깊이 생각을 하신 분이십니다. 사리에 명철하시고, 수양이 풍부하시고, 계행이 청정하셨습니다. 그래서 많은 사람이 존경을 하였다고 합니다. 특히 삼산 선진님이 성리를 설하시는 걸 들으시고 소태산 대종사께서 내가 엊저녁에 비몽사몽 간에 삼산에게 여의주를 줬는데 그 여의주를 먹고 환골탈태하는 모습을 보았는데 오늘 성리 설하는 걸 보니까 참으로 내 정신이 맑아지고 청정하여진다는 말씀을 하시면서 견성 인가를 내리신 분이기도 하십니다. 그리고 한문에 능하셔서 교리와 한문 공부를 같이 결부시켜서 '철자집'이라는 책을 엮으시기도 하셨습니다. 그래서 제가 처음에 원불교에 들어왔을 때는 이 철자집을 가지고 한문 공부를 했습니다. 삼산님은 부산 지역 남부민 교당 쪽에 가셔서 교화를 크게 성공을 시키셨는데, 그 교도들이 부처님같이 받드셨다고 합니다. 그러던 중 갑자기 장티푸스에 걸리셔서 46세라는 이른 나이에 열반을 하시게 됩니다. 사산 오창건 선진은 창성할 '창'자 건축할 '건'자입니다. 그래서 그런지 평생을 건축 관계 일을 많이 하셨다고 합니다. 영산 대각전을 짓는데 중추적인 역할을 해주셨고, 구간도실을 짓는 데에도 큰 역할을 해주셨습니다. 서울의 최초 교당인 돈암동에 교당을 지을 때도 감역도 하시고 직접 일도 하시고 그러셨다고 합니다. 그리고 신흥교당이라든가 부산 초량교당이라든가 여러 교당을 건축하는데 큰 역할을 하

셨습니다. 특히, 오창건 선진께서는 기골이 대종사님과 같이 장대하셔서 소태산 대종사께서 옷을 물려주면 입으셨다고 합니다. 오창건 선진님께서는 그래서 소태산 대종사님을 모시고 어디 가실 때 많이 시봉을 하셨던 것 같습니다. 진실로 사량 계교 없이 소태산 대종사님을 받드신 어른 중에 한 분이십니다.

그리고 오산 박세철 선진님은 소태산 대종사님 조카이십니다. 그런데 소태산 대종사님보다 나이가 12살 정도 많으십니다. 그런데도 사량 계교 없이 대종사님을 스승님으로 받드셨습니다. 오산 선진께서는 아마 구인 선진들 중에서 키도 작고 왜소하고 그러셨던 것 같습니다. 그래서 사람들이 좀 낮게 보고 그런 경향이 있었나 봅니다. 그러니까 소태산 대종사께서는 어느 왕과 재상과도 바꾸지 않을 인물이다라고 하셨다고 합니다. 그렇게 오산 박세철 선지님은 낮이나 밤이나 궂은 일도 가리지 않고 공심으로 일하신 선진 중에 한 분이십니다.

육산 박동국 선진님은 대종사님 친 동생이십니다. 6살 아래이신데 소태산 대종사님을 대신해서 어머님을 시봉하시고 어머니의 환후 시에는 시탕을 하고 그러셨습니다. 그때 소태산 대종사께서 말씀하십니다.

"내가 이렇게 큰 회상을 벌려 일이 많으니 네가 나를 대신해서 어머님 시봉을 하고 환후를 시탕하도록 하라. 그러면 너도 이 회상 창립의 창업주가 될 것이다."

그런데 육산님은 6.25 때 이른 나이에 열반하시게 됩니다.

칠산 유건 선진님은 대종사님보다 11살이 위시고 소태산 대종사님의 외숙이십니다. 그런데도 소태산 대종사님을 깍듯이 스승으로 받드셨습니다. 앞에서 이야기했듯이 이산 이순순 선진과 탈이섬으로 가서 같이 장사도 하시며 소태산 대종사님을 시봉하셨습니다. 많은 사람이 물었다고 합니다.

"당신은 외삼촌이고 12살이나 나이도 많고 그런데 소태산 대종사님을 스승으로 모시고 제자로 지내는 것이 어색하지 않느냐"

"내가 몸은 외삼촌이지만 법으로는 나의 지중한 스승입니다."
라고 대답하셨다고 합니다. 그러시면서 언제나 소태산 대종사 앞에서는 무릎을 꿇고 말씀을 받들면서 한 말씀도 땅에 떨어뜨리지 않으려 노력하시며 모든 역할을 수행하셨습니다.

그리고, 팔산 김광선 대봉도님은 소태산 대종사께서 대각을 이루시기 전부터 의형제를 맺고 소태산 대종사님을 많이 도와주신 분입니다. 그리고 출가를 하실 때 여러 사람들에게서 받을 돈이 3천원이라는 그 당시에는 엄청나게 큰 돈이 있었는데 그것을 모두 탕감해주고 출가를 하셨다고 합니다. 그래서 사람들이 굉장히 놀라워 했다고 합니다. 특히, 팔산 대봉도께서는 소태산 대종사께서 대각 1년 전에 연화봉으로 가서서 3개월간 크게 적공 정진할 때 함께 모시고 가서 옆에서 받드신 분입니다. 특히, 젊었을 때 한문 공부를 해서 소태산 대종사께서 대각 초기에 일어난 생각을 말씀하시면 팔산님이 옆에서 적으셨다고 합니다. 소태산 대종사님은 천자문도 제대로 못 떼고 한문 공부도 조금 하신 상태셨는데, 그런데도 팔산님께서 잘못 적으시면 무슨 변에 무슨 자라고 가르쳐 주시면서 적으라고 하셨다고 합니다. 그 때 적은 내용이 '법의대전'입니다. 소태산 대종사께서 나중에 그곳에는 신비한 내용도 있고 그래서였는지 태우라고 하셨다고 합니다. 그런데, 팔산님은 그 법문이 너무나도 소중하고 좋으셔서 태우다가 한 권은 따로 감춰놓으셨다고 합니다. 그리고 돌아오니 대종사께서

"다 태웠느냐?"

라고 물으시더랍니다. 팔산님이 머뭇머뭇 하시니까

"가서 마저 태우고 오시오."

하셔서 다 태우셨다고 합니다. 그런데, 그 법문이 너무나 소중해서 일부를 줄줄 외우셨다고 합니다. 그 법문들이 많은 부분 현재 대종경 '전망품'에 실려 있습니다.

아홉번째로 중앙이신 정산 종사에 대해서는 여러분들이 법문과 예화들을 직접 읽어보시기 바랍니다. 이렇게 구인 선진들의 한 분 한 분의 면모를 보면 소태산 대종사님과 한마음 한뜻이 되셨던 것을 알 수 있습니다. 교단 초기 '저축조합'에서부터 '방언공사', '법인기도' 모든 일에 혼신을 다 하셨습니다. 그 이후에도 평생을 그 정신으로 살으셨습니다. 이러한 9인 선진님들의 그 정신의 바탕은 무엇인지 살펴보겠습니다.

첫 번째로 창생 구원의 대서원을 세우셨습니다. 앞에서도 이야기했지만 소태산 대종사님을 만나지 못하고 그냥 사셨다면 평범한 촌부로 사셨을 것입니다. 그런데 소태산 대종사님을 만나고 나서 그 인격에 감화되어 창생 구원을 위한 서원을 세우고 기도를 올리셨습니다. 이정신으로 교단 만대의 창립 선진으로 받들어지게 된 것입니다.

두 번째는 사무여한(死無餘恨)의 대신성입니다. 소태산 대종사님을 뵙고 감화되어 온통 다 바치셨습니다. 소태산 대종사님과 한마음 한뜻이 되셨습니다. 그래서 죽어도 여한이 없다는 사무여한의 대신성으로 결국 백지혈인의 법인 성사를 나투셨습니다. 우리도 매일매일 살아갑니다. 열심히 살기도 하고 때로는 그냥 허송세월을 보내기도 합니다. 열심히 살아도 하루가 가고 그냥 허송세월로 보내도 하루가 갑니다. 하루를 살았다는 것은 하루가 죽었다는 것입니다. 중요한 것은 이 하루를 어떻게 사느냐에 따라 그 삶이 달라진다는 것입니다. 9인 선진님들은 우리와 똑같은 삶을 살다가 의식이 한 번 바뀌면서 생명을 바칠 그런 믿음의 마음으로 '백지혈인'의 성사를 나투셨습니다. 그 의미는 대단히 깊은 것입니다. '사무여한'의 대신성은 우리 모두가 깊이 한 번 다시 생각해 보아야 합니다.

그리고 무아봉공의 대공심입니다. 저는 그전에는 봉공이라는 것이 그냥 활동하고 희생하고 그런 것인 줄 알았습니다. 그런데 어느 날 원불교 사대강령 무아봉공의 원문에 소태산 대종사께서 '개인이나 가정을 위하려는 사상과 자유방종하는 생각을 버리고 오직 이타적 대승행으로 일체 중생을 제도하는데 성심 성의를 다하자는 것이다.'라고 말씀해주신 것이 보였습니다. 그냥 봉공 활동에 머무는 것이 아니라 일체 중생을 제도하는데 성심을 다하자는 것이라고 표현을 하셨습니다. 그러니까 '무아봉공'이라는 것은 '법인성사'와 둘이 아닌 것입니다. 그 마음으로 '저축조합'을 하시고, '방언공사'를 하시고, '백지혈인' 성사를 나투시고, 9인 선진께서는 평생을 그렇게 살으셨던 것입니다. 그것이 무아봉공의 대공심입니다.

마지막으로는 10인 1단의 대단결 대합력입니다. 9인 선진은 몸은 아홉사람이었지만, 마음은 한마음 한뜻으로 뭉치셨습니다. 그래서 오늘의 원불교 교단이 있게 된 것입니다. 그렇게 구인 선진의 정신을 이어받아 제2, 제3의 구인 선진들의 후예가 계속 나와야 합니다. 미주 지역에서도 마찬가지입니다. 많은 교무님들이 이역만리에 와서 그 정신으로 살으십니다. 신심있는 재가들도 똑같이 그렇게 활동을 하십니다. 앞으로 수없이 그런 사람이 나올 것입니다. 그래서 저는 미주 지역에 일원대도가 편만하리라 확신합니다. 법인절을 맞아 앞으로도 구인 선진과 소태산 대종사께서 우리에게 물려주신 법인 정신을 계승하고 이어받고 마음에 새기면서 함께 합력해 나가길 간절히 염원합니다.

(원기 108년 법인절 법설)

대산 종사께서 말씀하십니다.
"왜 사람이 눈이 두 개 있는 줄 아는가?
하나는 안으로 마음을 바라보라는 것이고,
하나는 밖으로 은혜를 발견하라는 것이다."
우리 마음공부하는 수행인들은 안으로는 내 마음의 근본 핵심을 발견하고,
밖으로는 은혜를 발견해 나가는 일에 정성을 다해야겠습니다.

원달마센터 육일대재 기념법회 중

# 마음에 양식을 주고
# 복록의 씨앗을 심읍시다

오늘도 아침 식사를 잘하셨나요? 아침, 점심, 저녁 우리는 매일 식사를 합니다. 그렇게 음식을 섭취하면서 육신의 생명을 유지해 갑니다. 그런데 마음에도 밥을 주고 계신가요? 마음에는 어떻게 어떤 밥을 주어야 할까요? 마음에 밥을 주는 방법의 하나는 명상입니다. 마음의 생명력은 명상하면서 그 생명력을 유지하고 떠오르게 되는 것입니다. 명상을 통해서 마음이 충전되고 거기서 삶을 살아갈 수 있는 에너지가 나옵니다.

이 세상에 확실한 몇 가지가 있는데, 그 첫 번째는 해가 뜨고 지는 것입니다. 그리고 봄이 오고, 봄이 가면 여름이 오고, 여름이 가면 가을이 오고, 가을이 가면 겨울이 오고, 겨울이 가면 또 다시 봄이 오고 이렇게 사시가 순환하는 이치입니다. 이것은 분명하고 확실한 것입니다. 이것을 의심하는 사람은 없습니다. 그리고 또 한 가지 확실한 것이 있습니다. 농부가 봄에 씨앗을 심지 않고 가을에 결실을 거둘 수 없다는 것입니다. 농부는 봄에 씨앗을 심고 여름에 가꾸어야 가을에 결실을 거둡니다. 또한, 봄에 콩을 심었는데 가을에 팥을 거둘 수도 없습니다. 정확히 콩을 심으면 가을에 콩을 거둡니다. 이 진리에 대해서도 누구도 의심하지 않습니다. 우리는 농부가 봄에 씨앗을 심어서 가을에 수확하는 것을 수없이 보아왔습니다. 우리의 삶도 이와 같습니다. 씨앗을 심고 그에 따라 결실을 거두며 살아갑니다. 우리 인생에 있어서 씨앗은 무엇일까요? 또한 행복하고 보람 있는 인생을 위해서는 어떤 씨앗을 심어야 할까요? 여기에도 여러 가지 씨앗이 있을 수 있습니다.

그런데 그 중심은 마음에 있습니다. '마음'이라는 낱말의 어원은 원래 '마'는 참되다는 뜻이고, '음'은 씨앗이란 뜻이라고 합니다. 즉 '마음'은 '참된 씨앗'이라는 뜻인 것입니다. 그래서 마음씨가 좋다 나쁘다는 말이 있습니다. 그러면 어떤 마음의 씨앗을 심어야 좋은 결실을 맺을 수 있을까요? 중요한 세 가지 마음의 씨앗이 있습니다.

첫 번째는 청정한 마음을 만드는 씨앗을 심는 것입니다. 품성을 잘 타고났다는 말이 있습니다. 우리 본래 마음은 원래 청정하고 넓고 무한합니다. 그런데 우리 마음은 어떤 때는 좁고 어떤 때는 넓습니다. 마음이 좁아지면 조그만 일에도 화가 나고 감정이 상하게 됩니다. 그러하기에 마음을 넓게 해놓고, 삶을 살아가는 것은 굉장히 중요합니다. 아침에 일어나 명상을 하면 좋습니다. 그것은 아침에 하루를 시작하는 마음을 넓게 하는 씨앗을 심는 일입이다. 그렇게 마음을 넓게 해놓고, 삶을 살아가다 보면 하루를 보내면서 부딪치는 일이 없어집니다. 그러다 보면 일도 잘 해결이 됩니다. 어떤 어려운 일이 생겨도 넓은 마음으로 요란함 없이 지혜롭게 일을 해결하며 살아갈 수 있기 때문입니다. 하루를 잘 살려고 하는 사람은 아침이면 명상을 하고, 저녁이면 다시 명상과 염불로 하루 동안 사용했던 마음을 고요히 비우고 잠자리에 드는 것을 일과로 생각해야 합니다. 이렇게 끊임없이 청정한 마음의 씨앗을 심으면 안정과 평화와 좋은 품성이라는 결실을 얻게 될 것입니다. 이것이 인생을 잘 살아가는 아주 요긴한 법입니다.

두 번째는 지혜의 씨앗을 심는 것입니다. 지혜는 그 사람의 능력이 됩니다. 그래서 지혜가 중요합니다. 그래서 우리는 끊임없이 지혜를 밝히는 씨앗을 심어야 합니다. 지혜 중 최고의 지혜는 성현들의 말씀을 담은 경전 속에 담겨 있습니다. 경전의 지혜는 우리 삶을 이끌어가는 진리의 요체를 뽑아낸 것이기 때문입니다. 경전을 보는 것은 삶을 진리에 맞게 살아가게 도와줍니다. 그렇게 경전을 통해서 올바른 삶의 지혜를 얻으려면 하루를 시작할 때나 잠들기 전이나 일을 마치고 남은 시간이 있을 때 반드시 경전 한 대목이라도 읽어나가야 합니다. 그렇게 살아가다 보면 지혜라는 능력을 얻게 될 것입니다.

세 번째는 정신, 육신, 물질 간에 공덕을 베푸는 씨앗을 심어야 합니다. 앞에서도 이야기했지만 심지 않고 오는 법은 없습니다. 이 세상을 살아가면서 보이는 모든 관계는 거래입니다. 모든 것이 가면 오고, 오면 갑니다. 가면 반드시 오기에 정신, 육신, 물질 간에 베풀수록 그 사람의 삶은 풍성해질 수밖에 없습니다.

청정의 씨앗을 심으면 품성이 좋아지고, 지혜의 씨앗을 심으면 능력이 출중해지고, 공덕의 씨앗을 심으면 삶이 풍성해질 것입니다. 이 세

가지 소중한 씨앗을 심으면서 삶을 살아가시길 바랍니다. 그래서 모두
가 편안하고 지혜롭고 풍성한 삶의 결실을 거두시길 바랍니다.

(원기 106년 7월 WON BUDDHISM TEMPLE

OF NORTH CAROLINA 법회 법설)

# 휴스턴 교당 봉불식을 맞이하여

　오늘 휴스턴 교당 봉불식을 맞이해서 그동안 교당 신축과 봉불식이 있기까지 협력해주신 많은 분들에게 깊은 감사를 드립니다. 오늘은 참으로 의미 깊은 날입니다. 부처님 인연법에 옷깃만 스쳐도 5백 생의 인연이라는 얘기가 나오는데, 그것이 5백 겁의 인연이라는 얘기도 있습니다. 하루를 같이 동행하는 인연은 2천 겁, 같은 지붕 밑에서 잠 자는 것은 3천 겁, 부모 자녀 사이는 8천 겁, 형제 자매는 한 부모의 포태 속에서 나왔기 때문에 9천 겁의 인연이라고 합니다. 이 교당은 어느 정도의 인연이 걸려서 탄생하게 되었을까요? 무수한 겁을 통하여 수많은 사람들의 염원과 원력, 서원으로 이루어졌습니다. 그렇기때문에 이 교당은 불연지입니다. 중앙총부가 우리의 전법성지(轉法聖地)이지만, 이 불연지에서 수많은 인재들이 배출되고, 불보살들이 인연을 맺고 발아가 될 것이니 이 곳, 이 교당 자체도 전법성지라 할 수 있습니다. 전법성지의 '전'자는 전할 '전(傳)'자가 아니고 구를 '전(轉)'자입니다. 여기서 같이 훈련을 하면서 법을 전하는 도량이 되어야 한다는 것입니다. 그리하여 이 곳에서 수많은 성자가 나와야 될 것입니다. 또한, 좌산상 사님이 축하 영상을 통해 말씀하신 것 같이 이곳은 신앙하고 수행하는 도량이 되어야 합니다. 정산 종사께서 기연편 11장에서 '과거에 모든 부처님이 많이 지나가셨으나 우리 대종사의 교법처럼 원만한 교법은 전무 후무하나니'라 하시고, 그 이유는 첫째, '일원상을 진리의 근원과 신앙의 대상과 수행의 표본으로 모시고 일체를 이 일원에 통합하여 신앙과 수행에 직접 활용케 하여주셨다'고 하셨습니다. 우리가 교당에서만 수행하는 것이 아니라 신앙과 수행이 삶 속에 녹아들어서 활용해야 된다는 것입니다. 소태산 대종사께서 100여년 전에 방언공사를 하시며 말씀하셨습니다.

'우리가 건설할 회상은 과거에도 보지 못하였고 미래에도 보기 어려운 큰 회상이라, 그러한 회상을 건설하자면 그 법을 제정할 때에 도학과 과학이 병진하여 참 문명 세계가 열리게 하며, 동(動)과 정(靜)이 골라 맞아서 공부와 사업이 병진되게 하고, 모든 교법을 두루 통합하여 한 덩어리 한 집안을 만들어 서로 넘나들고 화하게 하여야 하므로, 모든 점에 결함됨이 없이 하려함에 자연 이렇게 일이 많도다.'

과학만 발달해서는 절대 참 문명 세계가 될 수 없습니다. 도학과 과학이 병진되고, 공부와 사업이 병진되어 참 문명 세계가 열리게 해야 합니다. 이곳이 그런 도량이 되어야 합니다. 과거 종교는 이적을 많이 말씀하셨으나 소태산 대종사께서 밝혀주신 교법은 인도상의 요법입니다. 종교를 믿는 것은 우리의 삶을 잘 살아가기 위해서 입니다. 종교의 핵심은 거기에 있습니다. 이곳이 신앙 수행의 도량이 되어 기도를 하고, 법의 모임을 갖고, 훈련하고 소통하는 공간이 되어야 합니다. 사람이 삶을 살아가려면 어떤 흐름 속으로 들어가느냐 하는 것이 대단히 중요합니다. 어떤 흐름 속에 들어가느냐에 따라 삶이 달라져버립니다. 신앙과 수행의 흐름에 들어온다는 것은 아주 지중한 인연입니다. 마지막으로 이 도량이 은혜와 상생 선연의 도량, 사회 정화의 원천수가 흘러나오는 도량이 되어야 하겠습니다. 옛날에 원평과 금산사 사이에 있는 저수지 옆을 대산 종사님을 모시고 갔는데, 비가 오게 되니 저수지 물이 진흙탕물처럼 흐려졌습니다. 그런데 일주일 후에 다시 가보니 물이 맑아져 있었습니다. 왜 그럴까요? 저수지 물이 아무리 흐리고 넓어도 어디선가 생수가 솟아나거나 맑은 물이 흘러들어오면 그 호수는 시일의 장단은 있을지언정 반드시 맑아집니다. 우리 사회도 마찬가지입니다. 어디에선가 맑은 샘물의 역할을 하는 곳이 있어야 합니다. 어디에서 그 역할을 해야 할까요? 바로 종교가 그 샘물 역할을 해야합니다. 특히, 원불교 도량이 샘물의 역할을 해서 맑은 기운을 전달해야 합니다. 마음이 힘들거나 어리석은 생각이 들 때 여기에 오면 지혜를 얻고, 가정이 어려울 때는 공부로 화합해서 가정에 평화를 불러와야 합니다. 이곳은 작다면 작은 공간이지만, 이 곳에서 세계평화의 원동력이 점진적으로 솟아 번져나가는 샘물과 같은 역할을 했으면 좋겠습니다. 오늘 방명록에 제가 대산 종사께서 밝혀주신 봉불의 뜻에 관한 법문인 '시불(侍佛), 생불(生佛), 활불(活佛)'이라고 적었습니다. 그리고 거기에 외람되지만 하나를 더 보태서 '시방불(十方佛)'이라고 썼습니다. 일원상을 여기 교당에만 봉불하면 무슨 의미가 있겠습니까? 일원상을 내 안에 모셔야 합니다. 하나님이 밖에 계신 것이 아니고 내 안에 하나님을 모셔야 합니다. 부처님도 밖에 내놓고 모실 것이아니라 내 마음에 모셔야 합니다. 그렇게 내 안에 모시고 살다 보면 나도 부처가 됩니다. 오늘 봉불식을 맞이해서 일원상을 각자의 마음에 모시고 가셔서 삶이 풍성해지고 앞길이 활짝 열리기를 염원드립니다.

(원기107년 10월 휴스톤 교당 신축 봉불식 법설)

# 삶을 잘 살아가는 길

삶을 살아가는데 가장 중요한 것 중 하나가 무엇일까요? 여행을 하는 사람에게 있어서 가장 중요한 것은 또한 무엇일까요? 바로 '목적지'입니다. 어디로 갈지 정하는 것이 여행의 시작입니다. 인생도 하나의 여행과 같습니다. 그러하기에 인생에 있어서 가장 중요한 것 중 하나가 바로 삶의 '방향성'입니다. 마음공부를 하며 수행하는 사람들에게도 역시 그 부분이 대단히 중요합니다. 수행하는 사람은 '서원'이라고 표현합니다. 일반 세상에서는 인생의 목적, 목표라는 표현을 많이 합니다. 오늘 워싱턴 교당을 목적지로 정하고 모두 이곳에 오셨습니다. 중요한 것은 무엇을 위해서 여기 왔을까를 정확히 아는 것입니다. 여기 참여하신 분들은 삶의 원리를 알아서 그 원리에 바탕해서 잘 살아가기 위해서 오셨을 것입니다. 그것은 내 존재는 어디에서 출발했을까? 그리고 우리 삶의 원리, 즉 내 존재의 원리는 무엇일까? 그것을 알려는 것이고, 그것을 알려면 이 우주의 원리를 알아야 합니다. 우주의 흐름은 어떻게 되고, 어떻게 순환하는가 그것을 알고 살아가야 합니다. 소 태산 대종사께서는 그 원리를 밝혀주시고, 그 원리를 바탕으로 우리 가 삶을 잘 살아갈 수 있게 하는 부분에 초점을 맞추어 법을 펴주셨습니다. 요즘 세계적으로 탈종교 현상이 일어난다고 합니다. 그중에서도 젊은 사람들에게서 그 현상이 더 심화되어 가고 있다고 합니다. 아마 미래로 가면 더 많은 젊은이들이 종교에 관심이 없어질 것입니다. 그런데, 젊은 사람들은 경제적 문제, 어떻게 살아갈 것인가 하는 문제, 결혼 문제, 인간관계의 문제 등 많은 고민을 가지고 있습니다. 그래서 앞으로 어떤 일을 하며, 어떻게 살아갈 것인가? 삶을 어떻게 살아가는 것이 잘 살아가는 것인가? 하는 등 근본적인 고민들을 합니다. 그런데 누군가는 그 문제를 해결해 주어야 하지 않을까요. 앞으로의 세상은 종교 간의 울이 거의 없어질 것입니다. 자신에게 필요하면 어디든 배우러 갑니다. 이러한 시대에 이제 종교의 방향도 달라져야 됩니다. 종교를 위한 종교가 되어서는 안 됩니다. 종교가 사람들의 삶의 문제를 해결해 주어야 되는 것입니다. 삶의 원리를 알게 해주고, 삶 속에서 수행을 하게 해주고, 삶 속에서 신앙을 하게 해주어 삶 속에서 보람을 느끼게 해주어야 하는 것입니다. 이렇게 앞으로는 대중과 함께 하는 산 종교가 되어야 합니다. 소태산 대종사님은 우주의 원리에 바탕한 삶의 방향성만이 아닌 어떻게 하면 그 방향으로 잘 살아갈 수 있는지에 대해서도 잘 밝혀주셨습니다.

삶은 두 가지의 부분으로 되어 있습니다. 정신적 측면과 육신적 활동입니다. 정신적 측면과 육신적 활동이 겸하지 않으면 어떠한 일이든

간에 결코 성공할 수 없을 것입니다. 이 정신의 문제에서 가장 중요한 것이 바로 '신념'입니다. 신념이 강하지 않으면 절대 그 일을 이루어낼 수 없습니다. 보통 사람들의 신념은 한시적이거나 제한적인 경우가 많습니다. 그런데 여러분이 오늘 여기 찾아온 것은 한시적인 신념이 아니라 진리에 뿌리한 신념을 찾기 위해서 일 것입니다. 모든 일을 하는 데 있어서 신념과 믿음은 대단히 중요한 부분입니다. 모든 사람의 삶의 바탕에는 '믿음'이라는 것이 있습니다. 수없는 경전의 말씀을 듣고, 수없는 성자들의 말씀을 듣더라도 믿음이 없으면 그것은 받아들여지지 않습니다. 그래서 소태산 대종사께서는 '믿음'이라고 하는 것은 마음을 결정하는 원동력이라고 표현해 주셨습니다. 그래서 근본적인 진리에 뿌리를 둔 신념 체계를 갖는 것은 대단히 중요한 문제입니다. 하지만 신념만 있고 활동이 없다면 또한 성공할 수 없습니다. 활동을 열심히 할 수 있도록 촉진시키고 진전시키는 것이 바로 '분발심'입니다. 소태산 대종사는 분발을 넘어서 거의 성냄 정도로 강한 분발심을 이야기하셨습니다. 그래야 진전이 있는 활동을 하게 되기 때문입니다. 그다음 또한 중요한 것은 가는 길에 대해서 정확히 잘 알아야 된다는 것입니다. 그 가는 길에 대해서도 끊임없이 연구를 해야 합니다. 수행을 하면서도 연구를 해야 하고, 수양을 하는 데도 연구를 해야 되며, 마음의 원리와 삶의 원리에 대해서도 연구를 해야 됩니다. 사업하는 사람도 마찬가지이며, 과학도 마찬가지입니다. 끊임없이 수많은 사람들이 연구와 연구를 거듭해서 조금씩 조금씩 발전해온 것이 과학입니다. 연구에는 의두가 들어갑니다. 이것이 맞는지, 그것은 무슨 뜻인지 의문을 갖고 질문을 하고 답을 찾고 또 다시 질문을 하고 답을 찾아가는 것이 연구입니다. 소태산 대종사께서는 만사 성공의 원동력으로 '믿음'과 '분발심'과 '의두' 그리고 '정성'을 이야기하셨습니다. 끊임없이 계속해서 해나가는 것 그것을 정성이라는 말씀으로 표현하신 것입니다. 무슨 일이든지 이 네 가지가 갖추어지면 성공할 수 있습니다. 수행을 하는 사람에게 이것은 추진력이 됩니다. 공부하는 사람에게도, 사업하는 사람에게도 마찬가지입니다. 마음공부하는 여러분 모두가 진리에 바탕한 서원을 잘 세우고, 소태산 대종사께서 밝혀주신 신(信)과 분(忿)과 의(疑)와 성(誠)으로 만사를 원만하게 성공시키며 사는 삶이 되시길 염원드립니다.

(원기109년 4월 워싱턴 교당 현지인 법회 법설)

"우리가 옷을 입고 밥을 먹고, 잠을 자고
생활하는 모든 것이 은혜 아님이 없습니다.
그러나 우리는 대부분 그것이 은혜인 줄 모르고 살아가고 있습니다.
이 은혜를 발견하고 그 안에서 감사심이 우러나게 되면
자신의 의식과 삶이 달라지게 됩니다.
그렇게 은혜와 감사심을 가질 때
자신 안에서 충만한 에너지가 솟아나게 됩니다."

# 봄에 생각해 보는 단상

　봄은 깨어남의 계절입니다. 새싹이 솟아오르고 꽃이 피고 만물이 잠에서 깨어납니다. 봄은 봄(Spring)입니다. 그래서 봄은 보는 것으로부터 시작합니다. 공부는 봄으로부터 시작합니다. 수행은 정견(正見)으로부터 시작됨을 부처님은 초전법문에서 말씀하셨습니다. 소태산 대종사께서는 사리연구 공부로 말씀하셨습니다. 사리연구 공부는 견성의 공부입니다. 보는 것이 중요합니다. 어떻게 보아야 할까요?

　첫째는 멀리 바라볼 줄 알아야 합니다. (遠慮) 농부는 봄에 씨앗을 심으면서 가을의 수확이 보입니다. 여행자는 출발할 때 반드시 목적지가 있습니다. 건축을 할 때는 반드시 먼저 설계도가 있어야 합니다. 공부인은 보통급을 출발 할 때 불지(여래위)를 보고 수행해 갑니다. 중생은 생사 있는 줄만 아는데, 부처님은 한없는 생에 다생겁래가 있음을 아셨습니다.

　둘째는 넓게 바라볼 줄 알아야 합니다. (廣大) 공부인은 두루 살펴볼 줄 알아야 합니다. 좁게 가까이만 보게 되면 길눈이 어둡습니다. 수행자는 가까이도 살피지만 널리 세상을 살필 줄 알아야 합니다. 제중사업은 널리 함께 하는 것으로부터 시작합니다. 중생은 우리 일신의 본래 이치도 모르는데 부처님은 우주만유의 이치까지 아셨습니다.

셋째는 깊게 볼 줄 알아야 합니다.(深思) 사람을 볼 때 깊이 그 마음을 볼 줄 알아야 합니다. 사물을 볼 때 그 너머의 속을 볼 줄 알아야 합니다. 인생을 볼 때 깊게 삶을 통찰해 볼 줄 알아야 합니다. 진리를 깊게 관조해 볼 줄 알아야 깨달을 수 있습니다. 중생은 있는 데에 끌려 없는 데를 모르는데 부처님은 있는 데를 당하면 없는 데까지 아시고, 없는 데를 당하면 있는 데까지 아셨습니다. 이렇게 공부해 나간다면 안목이 열릴 것이요, 진리(불생불멸, 인과보응)를 관조해 보고 천만 사리를 아는 지혜의 힘이 생겨 만사 성공의 길이 열릴 것입니다.

(원기 109년 4월 미국원불교 교화단보)

# 어려울 때 베푼 덕이
# 그 공덕도 크다

겨울 바람은 추위를 더하게 하고

여름 바람은 시원함을 더하게 한다.

똑같은 바람이지만 시절 따라 그 감도가 달라지고

진강급을 따라 미치는 영향이 달라지는 것과 같이,

같은 덕을 쓰고 같은 은혜를 베풀 때도 상황 따라 (역경과 순경일 때)

그 과보의 나타남이 크게 달라지나니,

어려울 때일수록 힘을 더 보태고 덕을 베풀며

평소 정진하고 적공하여 진급하여야

해독의 기운은 약해지고

그 공덕은 더욱 크게 되리라.

어려울 때 베푼 덕이 그 공덕도 크다

天 地 萬 物 在 一 心이요

諸 法 一 體 各 妙 味로다

花 花 草 草 本 無 碍하나

步 步 有 餘 心 自 在로다

천지 만물이 한 마음에 있음이요,

가지가지의 개체가 각각 묘한 맛이 있도다.

화화초초가 본래 걸림이 없으니,

걸음걸음이 여유가 있어 마음이 자유롭도다.

(원기 109년 3월 미국원불교 교화단보)

# 실천하는 종교인

대산 종사께서는 교리실천도해 표지에 '실천하는 종교, 세계의 광명'이라는 법문을 해주셨습니다. 대산 종사 말씀하시기를

"삼학을 1000점으로 놓고 본다면 정신수양과 사리연구를 500점, 작업취사를 500점으로 말할 수 있다"

고 하신 적이 있습니다. 원불교 정전 작업취사 중 '정신을 수양하여 수양력을 얻었고 사리를 연구하여 연구력을 얻었다 하더라도, 실제로 일을 작용하는데 있어 실행을 하지 못한다면 수양과 연구가 수포로 돌아갈 뿐이요, 실효과를 얻기가 어렵나니, 예를 들면 줄기와 가지와 꽃과 잎은 좋은 나무에 결실이 없는 것과 같다 할 것이니라…'라고 하신 말씀과 상통하는 뜻입니다. 요즘 정전의 말씀을 받들면서 더욱 깊이 생각 되어지고 새겨지는 말씀입니다. 교법의 4가지 중심 강령의 하나요, 교법의 결론격인 '무아봉공'을 살펴보면 무아봉공은 상없는 마음으로 봉공하는 차원만이 아닙니다. '개인이나 자기 가족만을 위하려는 사상

202

과 자유방종하는 행동을 버리고, 오직 이타적 대승행으로써 일체중생을 제도하는데 성심성의를 다하자는 것이니라'고 밝혀주신 말씀에서 소태산 대종사께서 이타적 실천행을 얼마나 중요하게 강조해 주셨는가를 알 수 있습니다.

금년은 '일상수행의 요법으로 활불이 되자'는 신년 메세지를 전해드렸습니다. 일상수행의 요법 1조에서 8조까지는 무엇을 하자는 것이냐면 결국 공익심 있는 사람이 되자는 것입니다. 다시 말해서 삼학을 공부해서 자력을 양성하고, 배우고, 가르침을 통해서 세상에 공익심 있는 유용한 사람이 되자는 것입니다.

우리의 삶은 현실적으로 인과보응의 이치 속에서 활동하고 그런 관계 속에서 살아가고 있습니다. 그 인과보응의 이치 속에서 잘 사는 법은 바로 이타성으로 나아가는 길입니다. 그러므로 계문의 모든 조목에는 이타로 나아가려는 뜻이 내재되어 있음을 알아야 합니다.

대승불교의 실천 핵심인 육바라밀은 바로 보시로부터 시작합니다. 그리고 지계.인욕.정진.선정을 통하여 지혜를 완성하는 여섯가지 조목으로 이루어져 있습니다. 그러나, 한걸음 더 깊이 숙고해 보면 육바라밀의 핵심은 보시에 있다는 생각을 갖게 됩니다. 결국 지혜를 얻기 위함은 '대승적 이타행'을 실천하자는 것입니다. 보시는 정신.육신. 물질 간에 대승적 이타행을 실천하는 대자비행으로 표현할 수 있습니다.

엄동설한의 냉기가 대지에 가득한 것 같지만 봄의 생명력은 이미 깊은 땅속에서 꿈틀거리며 봄의 활력이 피어나듯이 금년 우리의 마음속

에 내재된 무궁한 묘리와 무궁한 보물과 무궁한 조화가 일상에서 활짝

꽃피워지도록 실천해 봅시다.

(원기 109년 2월 미국원불교 교화단보)

# 일상수행으로
# 활불이 됩시다

새해 아침이 밝았습니다. 온 인류와 전생령의 앞길에 평화와 평등과 행복이 가득하기를 기원합니다. 지난해에는 전쟁과 갈등, 빈곤과 질병, 재해 등으로 수없는 생명들이 고난을 겪은 한 해였습니다. 그러나 짙은 어둠 뒤에는 밝은 새벽이 기다리고 있습니다. 이제 새 희망으로 새 삶을 향해 나아갑시다.

대도는 원융하여 시공을 초월하여 여여하고, 동정을 여의지 않고 일관하나니, 우리의 삶은 시시각각 그 진리 속에서 존재합니다. 우리의 모든 순간순간이 진리의 길이요, 생각 생각이 신앙을 여의지 않으며, 활동 활동이 수행을 떠나지 않습니다. 이것이 삼학병진의 무시선·무처선이요, 동정일여의 대도 수행입니다. 우리는 올 한 해를 교강의 핵심을 담아 놓은 일상수행의 요법으로 공부하여 대도를 성취하고 대중에게 유익을 주는 활불이 됩시다.

'정성과 정성을 다하여 항상 심지가 요란하지 않게 하며, 항상 심지가 어리석지 않게 하며, 항상 심지가 그르지 않게 하고 보면 그 힘으로 지옥중생이라도 천도할 능력이 생기나니'라고 소태산 대종사께서 말씀하셨습니다. 일상수행의 요법 1,2,3조로 수행의 주체를 삼고, 신·분·의·성의 추진력으로 마음공부와 만사성공의 동력을 얻읍시다. 감사생활로 일체 만물에 불공하고, 자력생활 하는 사람, 배울 줄 아는 사람, 가르칠 줄 아는 사람, 공익심 있는 사람이 되어 개인·가정·사회·국가에 도움을 주는 유용한 사람이 됩시다.

묵은 세상이 가고 새 세상을 건설하는 시대가 도래하였으니, 우리는 수도와 생활이 둘이 아닌 산종교인이 됩시다. '일상수행의 요법'으로 세상 난리의 근원인 마음 난리를 평정하고 행복한 삶을 가꾸며, 우리의 선한 영향력을 널리 확대합시다. 활불이 되고 낙원 세상을 건설하는 주인공이 됩시다. 엄동설한이 깊어지면 곧 봄이 오는 것처럼 올 한 해도 모두에게 봄볕에 사르르 얼음 녹듯 행복한 삶이 활짝 열리기를 기원합니다.

(원기 109년 1월 미국원불교 교화단보)

# 송구영신(送舊迎新)

올 한 해를 잘 마무리하고 새해를 맞이하는 마음으로 '송구영신'이라는 말에 대해 깊이 생각해봅시다. 송구영신은 지난 날을 보내고 새날을 맞이한다는 뜻입니다. 한 해를 돌아보며 지난 날을 되새기고, 새해를 맞이하며 새로운 시작을 다짐하는 의미를 담고 있습니다. 일 년 동안 우리는 많은 것을 배우고 느꼈을 것입니다. 그동안의 삶을 되돌아보고, 부족했던 점을 발견하여 새해를 맞이하기 위한 계획을 세워 변화해 나아갑시다. 새로운 시작을 위해서는 먼저 옛 생활을 잘 청산해야 합니다. 이것을 우리는 '참회(懺悔)'라고 합니다.

참회는 '옛 생활을 버리고 새 생활을 개척하는 초보(初步)이며 악도를 놓고 선도에 들어오는 초문(初聞)'입니다. 이처럼 새생활을 개척하고 악도를 놓고 선도에 들어오는 공부는 새 삶을 맞이하는 중요한 공부이며, 불법(佛法)을 배우는 공부인에게 있어서 더욱 긴요한 공부입니다. 불보살들은 한번 선도에 들어오면 물러나지 않는 불퇴전(不退轉)의

심법을 가지셨습니다.

  우리 모두 새해에는 참회 공부로서 새로운 삶을 개척해 나갑시다. 소태산 대종사께서 성주(聖呪)에서 밝혀주신 거래(去來)라는 말씀은 우리 삶의 핵심을 표현해 주신 말씀입니다. 삶은 반드시 가고 오고 또 오고 가는 것입니다. 그래서 '거래각도 무궁화(去來覺道無窮花)'라고 합니다. 불보살은 거래에 능함을 얻은 사람입니다. 또한, 여래는 거이불거(去而不去) 내이불래(來而不來)하여 오고 감에 걸림이 없고 이 일 저 일에 얽매이고 걸림이 없어서 일체 상이 공(空)하신 분입니다. 우리의 삶은 거래 아님이 없습니다. 거래 없는 가운데 능히 거래에 자유(自由)를 얻는 공부로 우리 모두 진급해 나갑시다. 한 해를 보내며 일 년을 잘 마무리하고 잘 정리합시다. 그리고 새날을 맞이하기 위해 더 진급할 계획을 세우고 구체적인 실천사항을 계획해보며 송구영신의 진정한 뜻을 잘 이해하고 실천하는 공부인으로 거듭나시기를 염원합니다.

(원기108년 12월 미국원불교 교화단보)

# 진급하는
# 삶의 주체자

『신창조론』의 저자 이면우 교수는 거년의 삶과 금년의 삶이 발전과 변화가 없이 이어진다면 그것은 영안실에 안치된 사람과 같다는 '영안실 이론'을 이야기했습니다. 세상은 엄청난 속도로 변화하고 발전하고 있습니다. 그러나, 우리의 삶을 발전과 변화가 없이 습관적으로 살아간다면 그것은 영안실에 안치된 송장과 같이 1년이 지나도 2년이 지나도 5년, 10년이 지나도 그 자리에 머물러 있을 것입니다. 오래전에 나왔던 사오정 시리즈 이야기입니다. 사오정과 손오공이 면접시험을 보러 갔습니다. 손오공이 먼저 면접을 보게 되었습니다.

**면접관** "우리나라 축구 선수 중에 좋아하는 선수가 누구입니까?"

**손오공** "옛날에는 이영표였지만 지금은 박지성입니다."

**면접관** "산업혁명이 언제 시작되었는지 알고 있습니까?"

**손오공** "16세기 말에 시작되었습니다."

**면접관** "당신은 이 세상에 UFO(외계인)가 있다고 생각합니까?"

**손오공** "과학적으로는 증명이 안 되었지만 그렇다고 생각합니다."

손오공이 이렇게 면접시험을 잘 보고 나오는데, 귀도 잘 안 들리고 조바심도 나고 걱정이 된 사오정은 손오공에게 정답이 무엇이냐고 물었습니다. 그리고 손오공의 답을 열심히 외워서 면접을 보러 들어갔습니다.

**면접관** "자네 이름이 무엇인가?"

**사오정** "옛날에는 이영표였는데 지금은 박지성입니다."

**면접관** "언제 태어났습니까?"

**사오정** "16세기 말입니다."

**면접관** "당신 바보요?"

**사오정** "과학적으로 증명되진 않았지만 그렇다고 생각합니다."

이것은 지나간 유머입니다. 그러나 우리에게 시사하는 바가 큽니다. 우리의 삶은 끊임없이 변화하고 흘러가고 있습니다. 우리는 자신의 삶을 습관적으로 그냥 살아가고 있는지 변화를 주도하며 진급하고 성숙해 가는 삶으로 향하고 있는지 살펴보아야겠습니다. 그리고 지난 10개월을 돌아보며 새롭게 거듭나는 삶으로 회향하고 준비하고 진급해 가는 삶이 되도록 정진합시다. 내가 변화할 때 교단이 변화하고 세상이 변화해 나갈 것입니다. 변화는 위기이며 기회요, 변화해야 할 때는 변화해 주어야 성장하며, 변화해야 할 때 변화하지 않으면 정체되고 썩는 것입니다. 변화를 잘 활용하면 우리의 인격도 환골탈태하여 달라질 수 있으며 교단도 발전하고 성장할 수 있습니다. 혁신은 이 변화의 변곡점을 찾아 발전시켜 나가고 실천하는 것입니다. 나의 변화를 통하여 내 주위를 변화시키고, 가정·사회·국가·세계를 변화시켜 나갑시다. 우리는 진급하는 삶의 주체자가 되어 은혜와 기쁨과 행복이 넘치는 낙원 세상을 만들어 갑시다.

(원기 108년 11월 미국원불교 교화단보)

# 거래의 이치를
# 깨닫게 하는 시절!

대종사 말씀하시기를 '우주의 진리는 원래 생멸이 없이 길이길이 돌고 도는지라, 가는 것이 곧 오는 것이 되고 오는 것이 곧 가는 것이 되며, 주는 사람이 곧 받는 사람이 되고 받는 사람이 곧 주는 사람이 되나니, 이것이 만고에 변함없는 상도니라.'

1. 착심(着心) 떼는 공부를 하라, 그러면 삶이 번거하지 않을 것이다.

'무릇 큰 공부는 먼저 자성의 원리를 연구하여 원래 착(着)이 없는 그 자리를 알고 실생활에 나아가서는 착이 없는 행을 하는 것이니, 이 길을 잡은 사람은 가히 날을 기약하고 큰 실력을 얻으리라. 〈대종경 제3 수행품 9장〉' 착심을 불러일으키는 것은 바로 업력과 철석같이 굳은 습관에서 일어나는 것입니다. 우리는 자성의 본원을 반조하는 공부를 잘하여 착심을 떼고 초월하는 공부로 늘 여유 있고 번거하지 않은 한가로운 삶을 챙겨 나갑시다.

2. 생사(生死)에 해탈하는 공부를 하라, 그러면 두려움이 없어지리라.

'생사가 둘이 아니니, 가는 자가 오는 자로다.

남이 없는지라 멸함도 없고, 멸함이 없는지라 남이 없도다.

생사불이(生死不二)라, 거자래자(去者來者)로다.

불생이라 불멸하고(不生不滅), 불멸이라 불생이로다. (不滅不生)

생래(生來)에 생불생(生不生)이요,

사거(死去)에 사불사(死不死)로다.

불생고(不生故) 불멸하고, 불멸고(不滅故) 불생이로다.'

(-영생을 안심하고 잘 사는 법 〈대산종사, 수신강요2〉 39. 생사송)

소태산 대종사께서는 사람 나이가 사십이 넘으면 죽어가는 보따리를 챙기기 시작하라고 말씀하셨습니다. 우리가 이 공부 이 사업을 잘하자는 것은 삼세의 이치가 있기 때문이요, 이 삼세의 이치는 우리가 살아가는 삶의 바탕이며, 뼈대가 되는 것입니다. 그러니 생사를 초월한 불생불멸의 이치를 알아 생사를 초월한 공부를 하고, 어떠한 고난이 온다 할지라도 넉넉한 심경으로 살아가되, 인과 이치의 적실함을 알아 두려움 없는 마음으로 법도 있는 공부인이 됩시다.

3. 복해(福害)가 거래하는 이치를 깨닫는 공부를 하라, 그러면 항상 주도적인 삶을 살리라.

'원인이 결과가 되니, 주는 자가 곧 받는 자로다. 달게 받아 다시 갚지 말고, 선업으로 인연을 맺으라. 원인이 결과라(原因結果), 여자가 수자로다(與者受者) 감수불복 하고(甘受不復), 선업결연 하라. (善業結緣) 금생에 업력전(業力轉)하면, 내생에 과환생(果環生)이요 금생에 전업력(轉業力)하면, 내생에 과불생(果不生)이로다.'

(-영생을 원수 안 짓고 잘 사는 법 〈대산종사, 수신강요2〉 38. 인과송 )

우리가 살아가는 데에 있어 나타나는 모든 환경은 업의 순환하는 이치요, 복과 해를 주고받는 것도 바로 업의 순환하는 이치를 따라 나타나는 결과입니다. 그러므로 우리의 삶은 부처님이나 하나님이나 다른 어떤 존재가 있어 우리의 삶을 좌우하는 것이 아니라 내가 나의 조물주요, 창조주라고 소태산 대종사께서는 말씀해 주셨습니다. 따라서 우리는 이 이치를 확실히 깨달아 삶을 주도적으로 이끌어 가는 주도자가 되고, 복과 해가 확연함을 깨달아 복을 수용하되 해독(害毒)은 짓지 않는 주체자가 되어 영생을 통하여 복혜(福慧)가 구족한 주인공이 됩시다.

(원기 108년 10월 미국원불교 교화단보)

# 진리의 인증을 받는
# 공부인

첫째, 진리의 기운을 받는 사람이 됩시다.

진리의 기운을 받으려면 기도를 해야 합니다. 기도는 진리의 기운을 받을 수 있는 지름길입니다. 소태산 대종사께서는 9인 선진과 더불어 생명을 바치는 사무여한의 기도를 통하여 진리로부터 새 시대의 주세회상으로 인증을 받으셨으니 우리도 무슨 일을 할 때 먼저 진리 전에 기도하고 시작하며 그 마음으로 진행을 해야합니다. 일 년을 시작할 때, 한 달을 시작할 때, 일주일을 시작할 때, 하루를 시작할 때 경계마다 기도하며 그 심경으로 살아간다면 하는 일마다 법신불 사은의 위력을 얻어 성공할 것입니다. 만사가 시일의 장단은 있을 수 있어도 반드시 이루어질 것입니다.

둘째, 시절인연에 맞는 생각과 행동과 말을 합시다.

돌아오는 시대는 하나의 세계, 상생의 세계, 평등의 세계가 펼쳐지는 세상입니다. 그러므로 우리들의 마음도 하나의 심법, 상생의 심법,

평등의 심법이 되어야 좋은 기운을 받을 것입니다. 세상만사는 반드시 시절인연을 따라 이루어지고 펼쳐집니다. 봄에는 봄에 할 일이 있고, 여름에는 여름에 할 일이 있으며, 가을과 겨울도 그 시절에 해야 할 일이 있습니다. 하루도 마찬가지입니다. 새벽에는 새벽에 맞는 기운이 있고, 오전에는 오전에, 오후와 저녁에는 그때 맞는 기운이 있습니다. 우리의 인생도 이와 같습니다. 시절에 따라 삼학수행을 병진해 나가되 정신수양에 더 적공을 들여야 하는지, 사리연구에 더 적공을 들여야 하는지, 작업취사에 더 중점을 두어야 하는지 잘 살펴야 합니다. 성인들의 모든 말씀도 시절인연을 따라 해 주신 것이니 그 뜻을 잘 알아서 시절인연을 생각해 보고 행동하는 공부인이 되어야 할 것입니다.

셋째, 생활 속에서 시대와 대중을 떠나지 않는 마음공부로 득력합시다.

시대화·생활화·대중화를 표준하여 교법을 제정하셨으므로 우리는 경계를 당할 때마다 이 세 가지 표준을 잊지 않고 대종사님 교법을 실천하며 생활 속에서 득력하는 공부인이 되어야 합니다. 최초법어를 말씀하시며 첫째로 '시대를 따라 학업에 종사하여 모든 학문을 준비할 것이요'라고 말씀하신 그 뜻을 우리는 깊이 생각해봅시다. 대종사께서 교단 초기에 제자들에게 "앞으로 법을 펼 때, 어디에 주체를 두고 해야 하겠느냐"고 물으셨습니다. 여러 제자가 대답하였는데 인증하지 않으시자 한 제자가 "생활에 주체를 두어야 합니다."라고 답하니, "너의 말이 맞다"라고 하셨다고 합니다. 바로 원불교 교법의 실천 주체는 불법시생활, 생활시불법입니다. 좌산상사께서도 "일과에서 득력하자"라고 말씀해 주셨습니다. 따라서 우리는 일과에서 시대화·생활화·대중화를 떠나지 아니하고 적공하며 득력하는 공부인이 되어야 할 것입니다.

넷째, 하나로 소통하는 광대하고 원만한 종교의 신자가 됩시다.

소태산 대종사께서는 교법의 총설에서 '모든 종교의 교지도 이를 통합·활용하여 광대하고 원만한 종교의 신자가 되자는 것이니라'라고 하셨으니 우리가 먼저 그 뜻을 받들어 종교 간 협력과 소통을 실현해 나가야 하겠습니다. 현대는 하나로 소통하고 협력해 나가는 시대입니다. 정치·경제·사회·문화 등 모든 분야에서 소통하지 않으면 발전하고 성장해 나갈 수 없습니다. 종교와 종교인도 마찬가지입니다. 특히, 소태산 대종사님의 일원주의 사상, 정산 종사의 삼동윤리 사상, 대산 종사의 종교연합기구의 창설 등은 바로 종교 간 협력과 소통을 통하여 종교 본연의 사명을 다하자는 깊은 뜻이 들어 있습니다. 따라서 우리는 모든 종교와 소통하고 협력하여 광대하고 원만한 종교의 신자가 되고, 소태산 대종사께서 밝혀주신 말씀과 같은 심법으로 실천해 나가야 할 것입니다.

다섯째, 정신개벽의 주도자가 되고 선도자가 됩시다.

소태산 대종사께서 대각을 이루시고 세상을 관망해 보시며 앞으로의 시대는 물질문명이 한량없이 발전해 나가는 시대임을 통찰해 보시고 정신을 개벽하지 않으면 세상의 전정은 고해의 시대요, 암흑한 사회가 되게 될 것을 명확하게 통관해 보셨습니다. 그리고 세상을 지도할 표어로 '물질이 개벽되니 정신을 개벽하자'를 선포하시고 제도의 문호를 크게 여신 것입니다. 따라서 우리는 스스로 먼저 정신개벽의 주인공이 되고 정신개벽을 확산해 나가는 교화의 주체자가 되어 정신개벽이 편만한 세상을 건설해 나가고 정신개벽의 주도자가 되고 선도자가 되어야 할 것입니다.

(원기 108년 9월 미국원불교 교화단보)

# 6월의 단상(斷想)

　6월이 오면 소태산 대종사께서 일체생령을 제도하고자 세우신 그 서원에 대하여 깊게 생각해 보게 됩니다. 대종사님의 염원과 원력이 교법에도 담겨 있고 소태산 대종사께서 짜 주신 교단조직의 제도에서도 그 경륜과 뜻을 엿볼 수 있습니다. 6월 1일은 소태산 대종사께서 열반에 드신 날입니다. 우리가 대재를 통하여 소태산 대종사님 뿐만 아니라 모든 성인과 이 회상에 헌신하신 선진님들, 그리고 일체생령까지도 함께 모시도록 한 것은 법계를 통해서 일원대도 정법회상과 인연을 맺기도 하고 그분들의 공도정신을 잘 계승하자는 뜻이 들어 있습니다. 이는 소태산 대종사님의 탁월한 자비의 경륜이라 생각합니다. 비록 이 회상에서 직접 동참하지 못하였을지라도, 대재를 통하여 일 할 수 있는 기연을 맺게 하고, 주세회상을 펼쳐가는데 공사에 합력하지 않으면 안 되게끔 제도를 통하여 그 길을 열어 놓으신 것입니다. 그러므로, 육일대재와 명절대재는 추원보본(追遠報本) 및 공도자 숭배의 크신 뜻이 들어 있기도 하지만 이 회상에 뭇 성현들이 한 번씩 다녀가시며 공사할 수 있는 바탕이 되는 길이기도 합니다. 물론 교법적으로 이 회상에 들어와 성불제중 할 수 있는 빠르고 탄탄한 길을 열어 놓으셨기 때문이기도 하지만, 모든 성현과 일체생령이 이 회상에 와서 일하지 않으면 안 되도록 제도를 짜 놓으신 것입니다. 누군가 나를 위해서 일 년, 십 년, 백 년, 쉬지 않고 일 년에 두 번씩 끊임없이 기도를 하고 제사를 지내준다고 생각해 본다면 반드시 그 사람을 위해서 일하지 않을 수 없을 것입니다. 그러므로, 모든 성인과 일체생령이 이 회상에 와서 일하고 기운을 합력하도록 큰 길을 열어주셨다는 생각을 갖게 됩니다. 따라서 이러한 소태산 대종사님의 크신 경륜과 포부에 감탄하지 않을 수 없고, 그러기 때문에 더욱 정진하고 분발하여 주세불의 원력과 염원을 내 원력과 서원으로 삼고 더 많은 사람들에게 그 뜻을 전하고 신심을 내게 하며, 이 회상에 입참한 모든 교도가 대각 성불하는 길이 열리도록 염원하고 기도하고 지도해 주어야 할 것입니다. 그런 의미에서도 6월은 어느 때보다도 더욱 적공하고 교화에 분발하며, 한 사람이라도 대종사께서 밝혀주신 교법에 인연을 맺게 하고 추원보본의 향례를 올리는 대재에 참석할 수 있도록 최선을 다해야 할 것입니다. 6월에 소태산 대종사님과 역대 제위(諸位) 그리고 혈성어린 선진들의 발자취를 생각해 보면 감사와 감동의 눈시울이 붉어지지 않을 수 없습니다.

'한 기관 한 기관이 열릴 적마다 거기에 굽이굽이 정신 쓴 흔적, 이 마을 저 마을의 교당들마다 거기에 방울방울 땀 흘린 자취, 자신도 잊으신양 근검 속에서 헐 먹고 헐 입으며 이루신 공덕, 명예도 모르신양 계교심 없이 고생도 달다시며 쌓으신 공덕, 임들 아니시면 스승님 법이 누로 인해 이 누리에 실현이 되며, 임들 곧 아니시면 우리 회상이 누로 인해 긴 세월에 유전이 되리오. -성가 9장 「전무출신 찬송가」'의 가사가 가슴에 먹먹히 울립니다. 6월에 다시 한 번 정전을 통해 소태산 대종사님의 경륜과 포부에 대해 마음에 깊이 새겨보고 이를 내 경륜과 포부로 삼아 힘써 나간다면 이 회상의 현재와 미래는 한없이 밝을 것입니다. 서품 15장에 '그대들은 오늘에 있어서 아직 증명하지 못할 나의 말일지라도 허무하다 생각하지 말고, 모든 지도에 의하여 차차 지내가면 멀지 않은 장래에 가히 그 실지를 보게 되리라'고 해주신 말씀이 마음에 더욱 깊이 새겨지는 달입니다.

녹음이 짙어가는 6월, 교화 현장마다 대종사님의 원력과 경륜으로 가득 찬 한 달이 되기를 염원합니다.

(원기108년 6월 미국원불교 교화단보)

# 교법과 의두·성리 연마의 길

  1. 법문을 자주 보고 들어야 합니다. (聞)

  진리를 연마하는 초보의 길은 법문을 자주 가까이 하고 보고 들어야 합니다. 소태산 대종사께서 정전을 처음 편찬하시고 '삼가 받아 가져서 말로 배우고, 몸으로 실행하고, 마음으로 증득하여, 이 법을 후세 만대에 길이 전하게 하라'고 말씀해 주십니다. 그러니 우리도 법문을 자주 보고 듣고 가까이 하는 시간을 많이 가져야 합니다. 그러면 진리에 대한 대체(大體)가 세워지고 그 뜻을 해득하게 됩니다.

  2. 틈틈이 연마하고 궁구해야 합니다. (思)

  법문을 머리에 담아두고 틈나는 대로 곰곰이 연마하고 궁구하는 습관을 길러야 합니다. 어떠한 사안이든 간에 연마하고 궁구할수록 생각이 깊어지고 지혜가 솟아나게 되어 있습니다. 지혜는 연마하고 궁구하지 않고서는 깊어지고 밝아질 수 없습니다. 마음은 연마할수록 빛이 나게 되어 있습니다. 무딘 돌덩이도 오랫동안 갈게 되면 빛이 나고 거울같이 환히 비치게 되어 있습니다.

3. 묵상(默想)하도록 해야 합니다. (禪力)

하루 가운데에 모든 것을 다 내려놓고 조용히 자기만의 시간을 가져야 합니다. 그리고 오롯이 마음을 비우고 묵상할 수 있도록 해야 합니다. 홀로 있는 시간을 갖지 않고서는 마음이 깊어질 수 없습니다. 현대인은 끊임없이 움직이고, 한순간도 쉼 없이 생각을 치열하게 일으키며 생활하는 사람들이 대부분입니다. 그러므로 공부인은 반드시 하루 생활 속에서 자기만의 묵상시간을 갖고 깊이 침잠해 들어가는 시간을 가져야 공부가 깊어지는 것입니다.

4. 관조(觀照)하는 공부를 해야 합니다. (性理 研磨)

소태산 대종사께서 원기 26년 1월에 게송을 내리신 후 말씀하시기를 '유는 변하는 자리요 무는 불변하는 자리나, 유라고도 할 수 없고 무라고도 할 수 없는 자리가 이 자리며, 돌고 돈다, 지극하다 하였으나 이도 또한 가르치기 위하여 강연히 표현한 말에 불과하나니, 구공이다, 구족하다를 논할 여지가 어디 있으리요. 이 자리가 곧 성품의 진체이니 사량으로 이 자리를 알아내려고 말고 관조로써 깨쳐 얻으라.'고 말씀해 주십니다. 언어를 넘어선 진리의 세계는 관조로써 들어가야 합니다. 그러므로, 공부인은 끊임없이 지관(止觀-禪)과 성리(性理)의 공부로 지혜를 밝혀 나가야 합니다.

5. 수증(修證)하는 공부를 해야 합니다. (修證)

일원상의 진리를 마음으로 증득해 나가야 합니다. 수증은 마음으로 닦아서 증명해 나가는 것입니다. 수증을 하게 되면 마음이 확연해지고 명확해져서 호리도 의심하지 않는 것입니다. 그러니 수증의 공부가 크고 중요한 것입니다.

6. 불리자성(不離自性)하는 공부입니다. (保任含蓄)

공부가 깊어지면 '천지도 모르게, 귀신도 모르게, 일체 주위 사람도 모르게, 흔적없이 공력을 들여 적공하고 함축해 나간다'고 하셨습니다. 그래서 시시처처(時時處處)에 자성을 떠나지 않고 유유자적(悠悠自適)한 가운데 한가하여 그 넉넉한 심경을 말로 표현할 수 없다고 합니다.

7. 대기대용(大機大用)으로 활용(活用活禪)하는 공부입니다. (大機大用)

대기대용으로 활달자재하게 활용하는 경지는 대소자재(大小自在)하고, 명암자재(明暗自在)하며, 은현자재(隱現自在)로 천만경계를 당하여 제도의 방편을 쓰되 만능을 겸비하고, 수기응변(隨機應變)하되 대의에 어긋남이 없고, 일체방편을 쓰되 그 방편을 알지 못하게 하는 자리입니다. 대종사 말씀하시기를 '큰 도는 서로 통하여 간격이 없건마는 사람이 그것을 알지 못하므로 스스로 간격을 짓게 되나니, 누구나 만법을 통하여 한마음 밝히는 이치를 알아 행하면 가히 대원정각을 얻으리라.'고 하셨습니다. '누구나 대원정각을 얻으리라'는 이 말씀에 스승님들의 염원과 서원을 미루어 짐작해보며, 우리에게는 희망으로 다가옵니다.

연록의 생명이 깨어나는 이 5월을 맞이하여 다시 한번 서원과 원력을 굳게 세우고 반드시 이루어보리라는 신념을 확고히 가지면서 정진하고 적공하여 공부인의 일대사를 성취해 가는 환희의 계절이기를 염원합니다.

(원기108년 5월 미국원불교 교화단보)

# 깨달음의 기쁨으로
# 행복한 삶을 가꾸어 갑시다.

봄의 생명력이 온 누리에 화사하게 피어오릅니다. 4월은 겨우내 얼어붙은 대지를 뚫고 나온 생명들이 저마다 새롭게 거듭나는 은혜의 계절입니다. 그리고 이 4월에 소태산 대종사께서는 일원의 진리를 대각하셨습니다. 그러므로 4월은 일체 생령이 대각의 소식을 함께 기뻐하고 경축해야 할 축복과 은혜의 계절입니다. 또, 우리 스스로 그렇게 만들어가는 축제의 달이길 빕니다. 이 4월에 온 인류의 앞길에 전쟁과 무지와 빈곤을 벗어나 상생과 평등과 평화가 두루 가득하길 염원합니다. 나아가 우리 스스로 깨달음의 기쁨으로 아름답고 행복한 삶을 가꾸는 주인공이 되기를 간절히 기도합니다. 깨달음의 기쁨으로 행복한 삶을 가꾸기 위하여 어떻게 해야 할까요?

첫째, 희망의 씨앗을 심는 주인공이 됩시다.

희망은 그냥 오는 것이 아니라, 희망이 올 수 있는 씨앗을 심는 사람에게 주어지는 결과입니다. 심지 않고 거두는 법은 없습니다. 그러므로 꿈과 희망을 펼치기 위해서는 명확한 비전과 목적성이 있는 계획이 있어야 하고, 그에 맞는 삶을 지금 여기에서 하나씩 차근차근 이루어 가야 합니다. 날마다 희망을 만들어가는 자기 주도적인 선택 속에서 작은 희망의 씨앗이 심어지고, '나는 행운을 불러들이는 주인공'이라는 희망 주문이 쉼없이 샘솟도록 일상에서 기도한다면 그 희망의 씨앗은 잘 뿌리내리게 될 것입니다.

둘째, 끊임없는 성찰과 각성으로 스스로를 변화시키는 주인공이 됩시다.

나타나 있는 모든 것은 끊임없이 변화합니다. 그런데 우리는 습관적이고, 반복적인 삶을 살아가고 있는 경우가 많습니다. 습관적이고 반복적인 삶에서 새로운 창조는 일어날 수 없습니다. 그러므로 우리는 신선하며 창조적인 생각으로 습관적이고 반복적인 삶의 궤도를 바꾸어 나가야 할 것입니다. 주어진 환경에 지배당하지 않고, 주어진 환경을 지배하려면 스스로 변화시키고 발전시키려는 의식의 각성과 깊은 자기성찰이 있어야 합니다. 로켓이 지구 중력권을 벗어나려면 중력 이상의 추진력이 필요합니다. 마찬가지로, 습관적인 삶의 궤도를 넘어서기 위해서는 습관의 업에 대한 깊이 있는 성찰의 힘이 필요합니다. 그리고, 스스로 삶의 주인이 되고자 하는 깊은 각성과 그 각성을 유지하는 노력과 적공이 필요합니다. 또한, 온실 속에 있는 것처럼 편안하고 습관적인 삶에 안주하지 않고, 새로운 환경과 새로운 경험을 통해서 스스로를 발전시키려 하고 진화시켜 나가려고 노력해야 합니다.

셋째는 행동하고 실천하는 주인공이 됩시다.

행동하고 실천하는 사람만이 풍성한 결실을 얻을 수 있습니다. 돌아오는 시대는 실천하는 종교인이어야 세상에 설 수 있고 환영을 받는다고 하셨습니다. 우리가 삶 속에서 수많은 희망을 품고 여러 가지 많은 계획을 세웠다 할지라도 행동하지 않으면 절대 변화하고 발전할 수 없습니다. 따라서 우리는 수동적인 삶에서 적극적인 삶으로 부정적인 삶에서 긍정적이고 진취적인 삶으로 의식을 전환해야 합니다. 자기의 인생은 자기가 개척하고 자기가 가꾸어 나가야 합니다. 우리 인생은 원래 아름답고 행복한 삶입니다. 그러나 욕심과 무지와 습관적인 삶이 우리를 아름답고 행복한 삶의 궤도에서 이탈하게 만든 것입니다. 아름답고 행복한 인생의 본래 궤도로 돌아가기 위해서는 희망의 씨앗을 끊임없이 심어야 합니다. 성찰과 각성으로 스스로 적극적으로 자신을 변화시켜야 하고, 행동하고 실천하는 공부인으로 거듭나야 합니다. 그렇게 욕심과 무지와 습관적인 삶에서 벗어나 깨달음의 기쁨으로 아름답고 창조적이며 행복한 삶을 가꾸어 갑시다.

(원기108년 4월 미국원불교 교화단보)

# 마음공부의 원리 1

한 해를 마무리 하는 연말이 되었습니다. 한 해를 되돌아보며 돌아오는 새해를 희망차게 설계하는 12월이 되시길 염원 드립니다.

저는 그믐 날 저녁에 잠을 자면 눈썹이 하얘진다는 속설을 들으며 자랐습니다. 후에 왜 그럴까 하는 의문이 들었습니다. 눈썹이 하얘진다는 것은 나이를 먹는다는 뜻이요 그러니 잠을 안 잘 것 같으면 나이를 먹지 않고 젊게 산다는 속설로 받아들여졌습니다. 그러나 잠을 안 잘 것 같으면 오히려 더 늙어질 뿐이요, 몸은 새해를 맞이하여 더 피곤할 것입니다. 그래서 후에 성리에 바탕한 깊은 뜻이 들어 있음을 알았습니다. 성품에는 늙고 젊음이 없기 때문입니다. 한 번 궁구해 보시길 바랍니다. 연말을 맞이하여 다시 한 번 깊이 스스로를 돌아보며 올 한 해 나는 성리에 바탕한 삶을 살아 왔는가 깊이 반조하는 시간을 갖길 바라며 새해에도 좀 더 성숙한 공부인으로 거듭나길 빕니다. 그렇게 되기 위해서는 성품을 관조하는 마음 즉, 대소유무 중 대자리인 성품을 관조해 보고 단련하며 궁극에 가서는 불리자성(不離自性)하는 공부를 해 나가야 할 것입니다. 따라서 대자리를 여의지 않고 공부하는 방법의 일단을 함께 공유하고자 합니다.

첫째, 대자리를 떠나지 않고 살기 위해서는 대자리를 아는 것이 선결이요, 알기 위해서는 견성에 대한 법문을 많이 접해야 할 것이요, 많이 궁구하고 마음에 해득을 얻어 나가야 할 것입니다. 나아가 깨달음을 얻으려는 간절한 서원과 믿음이 그 바탕이 되어야 할 것입니다.

둘째, 단전 토굴에 늘 마음이 머물도록 챙기고 살아야 관조하는 힘이 뭉쳐서 빨리 깨닫게 될 것입니다.

셋째, 유념 조항에 성품을 챙기는 조목을 정하고 하루 생활 속에서 선심(禪心)으로 일관해 나가야 할 것입니다.

넷째, 허공을 때때로 관조하여 허공과 내 마음이 둘 아님을 증명해 나가는 것입니다.

다섯째, 성리와 의두요목을 공부 삼아서 화두로 놓고 연마해 나가는 것입니다.

여섯째, 좌선을 통하여 조석으로 본래 마음을 회복하고 적공해 나가야 합니다.

일곱째, 염불로 동정간에 자성 진체를 놓지 않고 챙겨 나가도록 하는 것입니다.

여덟째, 무시선법에 바탕하여 진공으로 체를 삼고 묘유로 용을 삼아 경계를 따라 무시무처(無時無處)로 공부해 나가는 것입니다.

이와같이 적공해 나가되 어느 한 조목을 집중적으로 연마함으로써

다른 조목들이 따라오도록 할 수도 있을 것입니다. 그리하여 성리에

문리가 나며, 공부가 일취월장하는 공부인들이 되길 염원합니다.

(원기107년 12월 미국원불교 교화단보)

# 마음공부 원리 2

새해를 시작한 지 벌써 한 달이 지나갔습니다. 시간은 덧없이 흘러 갑니다. 그러나 공부인에게는 하루하루가 소중하고 더없이 값진 시간이 되리라 생각합니다. 이번 달에는 지난 2월에 이어 소(小)자리를 당하여 대(大)자리를 여의지 않고 적공해 나가는 길에 대해서 생각해 보고자 합니다. 공부인이 적공해 나갈 때 일이 없을 때 대(大)의 자리를 여의지 않고 공부했다 하더라도 어떤 일을 당하게 되면 그 일과 맺어진 업인으로 인하여 대(大)를 놓치고 그 일에 매몰되어 대(大)를 여의게 되는 경우가 거의 대다수가 됩니다. 때문에 경계를 당하게 되면 반드시 공부심으로 대(大)를 여의지 않고 소(小)를 처리해 나가는 적공이 있어야 공부에 능력이 생기고 성리를 일상생활 속에서 활용하는 심법이 자리를 잡게 되는 것입니다. 현실 삶 속에서 대(大)자리를 여의지 않고 사는 법을 체득하려면

첫째, 모든 만물(사람, 동물, 식물, 물건 등)을 대할 때 반드시 대(성품)를

관조한 다음 그 사물의 특성 따라 접응을 해 나가야 합니다.

둘째, 사사물물의 특성에 따라 성품을 운용하는 방법을 평소에 확실히 준비하고 익혀 두어야 합니다. (운용의 형세를 보아 미리 공부길을 준비하고 열어둔다.)

셋째, 유념 조항으로 정하고 하나하나 사물을 대할 때마다 적공해 나가도록 하는 것입니다.

넷째, 정(靜)시에 사물을 앞에 두고 대를 보되 소의 자리를 떠나지 않는 법을 잘 단련하고 마음에 새겨 두어야 합니다.

다섯째, 정(靜)시에 염불, 좌선 등을 통해서 진성(眞性)을 잘 양성하고, 어떠한 경계에도 흔들림 없는 힘을 길러 놓아야 합니다.

여섯째, 성리와 의두연마를 통해서 관조하는 힘과 혜력(慧力)을 확실히 기르고 확립해 놓아야 합니다.

대종사 말씀하시기를 '무릇, 큰 공부는 먼저 자성의 원리를 연구하여 원래 착이 없는 그 자리를 알고 실생활에 나아가서는 착이 없는 행(行)을 하는 것이니, 이 길을 잡은 사람은 가히 날을 기약하고 큰 실력을 얻으리라.' 〈대종경 수행품 9장〉 이와같이 연마하고 실행해 가되 자신의 상황에 따라서 가감하여 적공해 나간다면 반드시 큰 실력을 얻어 사사물물을 대하여 성품을 운용하는 능력이 일취월장 할 것입니다.

(원기108년 2월 미국원불교 교화단보)

# 마음공부 원리 3

대소유무(大小有無)를 연마하는 세 번째 원리는 유무(有無)에 관한 연마입니다. 유무의 원리는 바로 인과(因果)의 이치(理致)에 맞게 마음을 사용하는 것입니다. 이는 바로 성품을 여의지 않으면서도 현실의 삶 속에서 인과의 이치에 맞게 마음을 사용하도록 유무념 조항을 정하여 지속적으로 공부해 나가는 것입니다.

'마음공부 원리1'은 대(大)자리를 여의지 않고 늘 연마해 나가는 공부며, '마음공부 원리2'는 소(小)자리를 당하여 대를 여의지 않고 소(小)에 계합(契合)하는 공부요, '마음공부원리3'은 대(大)자리를 여의지 않고 유무 변화의 경계 속에서 인과의 이치에 적실하게 취사(取捨)해 나가는 공부입니다.

대(大)자리를 여의지 않는 것이 초견성이라면, 소(小)를 당하여 대(大)자리를 여의지 않고 소(小)를 대하는 것은 중견성이며, 유무(인과)의 경계를 당하여 대를 여의지 않고 취사함은 상견성으로 성리(性理)의

234

완결이라 할 것입니다. 소태산 대종사께서는 성리품 27장에서 선원 대중에게 '대를 나누어 삼라만상(森羅萬像) 형형색색(形形色色)의 소를 만들 줄도 알고, 형형색색으로 벌여 있는 소를 한 덩어리로 뭉쳐서 대를 만들 줄도 아는 것이 성리의 체(體)를 완전히 아는 것이요, 또는 유를 무로 만들 줄도 알고 무를 유로 만들 줄도 알아서 천하의 모든 이치가 변하여도 변하지 않고 변하지 않는 중에 변하는 진리를 아는 것이 성리의 용(用)을 완전히 아는 것이라, 성리를 알았다는 사람으로서 대와 무는 대략 짐작하면서도 소와 유의 이치를 해득(解得)하지 못한 사람이 적지 아니하나니 어찌 완전한 성리를 깨쳤다 하리요'라고 말씀하여 주십니다. 때문에 공부인은 경계를 당하여 인과의 이치에 맞게 취사를 해 나가는데,

첫째는 시비이해(是非利害)를 당하여 인과의 이치에 맞게 취사하되 성품을 여의지 않고 취사 불공해 나가는 것입니다.

둘째는 시(是)를 행하되 대(大)자리를 여의지 않고 시(是)를 행하는 것입니다.

셋째는 비(非)의 마음이 나오려 하면 대(大)를 관조하여 비(非)를 시(是)로 돌려 행합니다.

넷째는 이(利)를 당하여 시(是)를 행하되 보시하기를 우선으로 해야 합니다.

다섯째는 해(害)를 당하여 시(是)를 행하되 해(害)가 돌아올 때 감수불보(甘受不報)해야 합니다.

여섯째는 언제나 시(正義)를 행하고 비(不義)를 행하지 말 것이며, 이

(利)를 주되 해(害)를 주지 않도록 주의해야 할 것입니다.

이렇게 오래오래 공부해 나간다면 천만경계를 운용하는데 성품을 여의지 않고 취사하는 능력을 얻어 불리자성(不離自性)하는 여의자재 (如意自在)의 힘을 얻게 될 것입니다.

(원기108년 3월 미국원불교 교화단보)

## 모두가 하나되어
## 평등세상 열어갑시다

신년 새 아침이 열렸습니다.

만생령이 모두 평등 평화 행복을 누리기를 심축합니다.

새 아침의 열림은 과거와 미래가

오늘 지금 열린 내 마음과 조우하는 결정적 순간입니다.

오늘은 어제의 축적이요,

내일은 오늘이 근원되어 나타남이며,

금년은 지난해의 결실이요,

올 한 해는 내년의 모태입니다.

지금 우리의 삶과 현실은 내 삶의 최고 순간이며,

그것이 세상을 변화시키는 근원이요 원동력입니다.

오늘 새 아침은 내 삶의 새 아침이 열림이요,

새 희망이 열리는 문입니다.

또 일년동안 소태산 대종사님과 역대 스승님들의 가르침으로

하루하루를 진리와 교법정신에 근본하여

감동적이고 열린 평등세상을 만들어 가는 주인공이 됩시다.

이 마음과 서원으로 평등과 배려와 은혜를 함께 열고

함께 나누고 함께 즐깁시다.

일체는 이 마음으로부터 시작합니다.

(원기 108년 1월 미국원불교 교화단보)

# 의두와 성리에 대하여

　소태산 대종사께서 교법을 제정하실 때 스스로 깨치신 진리에 근원해 그 갈래가 나오게 하셨습니다. '의두'와 '성리'는 소태산 대종사께서 깨치신 그 진리를 우리도 깨닫도록 하기 위해 제시하신 방법입니다. 이 두 방법으로 우리도 연구의 깊은 경지를 체득할 수 있도록 길을 열어주신 것입니다. 의두는 '대소유무의 이치와 시비이해의 일이며 (중략) … 명확한 분석을 얻도록 함이요' 성리는 '우주만유의 본래이치와 우리의 자성원리를 해결하여 알자 함이라'라고 밝히셨습니다. 의두가 만법이 한 근원인 각각의 개체를 통해 근원을 분석해 들어가는 공부라면, 성리는 오로지 하나의 본질만을 연마하고 궁구해 들어가 해결하는 공부입니다. 방법적인 면에서 의두는 추론과 분석을 통해 근원을 분석하는 반면, 성리는 관조(觀照)와 직관(直觀)입니다. 따라서 의두는 그 폭이 헤아릴 수 없이 넓고, 성리는 오로지 한 체성을 깊이 관조하고 직관해 들어가 결판을 내도록 한 것입니다. 그러나 실은 의두 속에 성리가 들어있고 성리가 깊어짐에 따라 의두를 해결하는 동력이 되는 상호 보완적인 특징이 있습니다.

의두연마는 어떻게 하는 것일까요? 또한 의두요목을 공부할 때 어떤 방법으로 시작하고 연마해야 할까요? 의두가 처음부터 걸리면 최상근 기일 것입니다. 보통 우리가 공부하는 순서는 먼저 경전을 수지독송하며 연마해 의심 건이 생기면 그것을 점진적으로 궁구해갑니다. '상시 응용 주의사항'에서도 경전·법규를 대강 마친 사람은 의두 연마 하기를 주의하라 하셨습니다. 따라서 사리연구 과목에서 이미 '대소유무의 이치'와 '시비이해의 일'을 구체적으로 밝혔기 때문에 먼저 사리연구의 확철한 대중을 잡아야 할 것입니다. 그러기 위해서는 교리 공부가 필요하고 경전·법규 연습이 먼저 시작돼야 합니다. 그리고 의두요목으로 조목을 따라 연마해 가고 다음에 모든 경을 볼 때 그 표준으로 해결해 가면 '대소유무에 대한 이치'가 확연히 밝아질 것입니다.

성리는 다른 훈련법과는 달리 훈련과목으로써 공부 방법이 정전에 명시되어 있지 않습니다. 성리공부는 어떻게 하는 공부이며, 또한 '해결하여 알자 함'이라 하셨는데 해결한다는 것은 어떤 의미일까요? 성리는 특별한 방법이 있는 것이 아니요, 정성과 지극한 공부심으로 적공해 나가야 합니다. 소태산 대종사께서는 좌선이 끝난 후 정신이 맑을 때 의두, 성리를 연마하게 하셨으니 그 방법으로 적공해 나갔으면 합니다. 다만 성리는 가끔 틈나는대로 관조와 직관으로 적공하되, 소태산 대종사께서 성리품을 밝혀주셨기 때문에 '성리품'과 '일원상의 진리' 등을 지속적으로 연마하고 궁구해 가면 될 것입니다. 관조라는 것은 꿰뚫어 본다는 것으로 다른 생각 없이 오롯이 그 하나를 중심에 두고 몰입해 들어가는 것입니다. 낱말의 뜻을 풀어 아는 것이 아니라, 초점을 정확히 근원 자리와 우주만유의 본체 자리, 우리 자성의 원리에 두는 것입니다. 곧, 그 하나라는 근원자리를 쫓아 들어가는 것입니다. 이 성리라고 하는 것은 5년이고, 10년이고 그 하나를 계속 직관해 들어가는 것입니다. 또한, 성리 과목에서 '해결한다'는 어구를 쓰셨는데, 특별히 다른 뜻이 들어 있다기 보다는 궁극적인 문제를 풀어서 일호의 의심도 없이 확실히 결말을 짓는다는 의미로 받아들여도 되리라 생각합니다. 다만 일호의 의심 없이 결말지으려면 '감각·감상'과 '심신 작용 처리건'의 확실한 공부가 필요합니다.

소태산 대종사께서는 성리품 5장에서 '큰 도는 서로 통하여 간격이 없건마는 사람이 그것을 알지 못하므로 스스로 간격을 짓게 되나니, 누구나 만법을 통하여 한마음 밝히는 이치를 알아 행하면 가히 대원정각을 얻으리라'고 하셨습니다. 다시 말해 '누구든 가히 대원정각을 얻으리라' 하셨고, 그렇게 하려면 만법을 통하여 한마음 밝히는 이치를 알아 행해야 함을 강조하셨습니다. 여기서 안다는 것과 행한다는 것은 무엇일까요? 안다는 것은 감각·감상을 통해 깨달아 가는 것이고, 행한다는 것은 심신 작용을 통해 천만 경계에서 취사의 능력을 향상시켜 나가도록 하신 것입니다. '감각·감상'을 기재시키는 뜻은 그 대소유무의 밝아지는 정도를 대조하게 함이라고 하셨습니다. 그래서 필경 감상에서 감각으로 결국은, 구경의 진리를 깨쳐 대도를 정각하도록 한 것입니다. 또한 그 깨달음을 바탕으로 원만한 취사를 갖춰 나가도록 한 것이 '심신 작용 처리건'입니다. 그런 의미에서 지금까지 기재하던 감각과 감상의 기재를 깊이 성찰해 보고 제대로 하고 있는지 점검하면서 공부를 해야 할 것입니다. 감각·감상은 대원정각으로 나가는 길이요, 심신 작용 처리건은 원만한 여래행으로 나가는 공부법이기 때문입니다.

정산 종사께서 말씀한 견성 5단계인 '만법귀일의 실체 증거, 진공의 소식을 알고, 묘유의 진리를 보고, 보림함축, 대기대용'의 의미는 어떤 것일까요? 정산 종사의 견성 5단계는 단계적 공부길로 볼 수도 있지만 서로 보완해 가면서 병진해 가는 개념으로 보아도 됩니다. 견성 5단계의 말씀은 '견성, 양성, 솔성, 보림, 대기대용'으로 볼 수 있습니다. 삼학을 병진해 가면서 심화시켜 가는 공부길이기 때문입니다. 다만 단계적으로는 견성이 먼저 일 것입니다. 견성에 바탕해 양성하고 솔성으로 나가는 것이 순서라고 봅니다. 의리선에서 여래선으로 여래선에서 조사선으로 나가는 것과 맥락이 통한다고 할 수 있겠습니다. 따라서 모든 공부길은 먼저 하나로 돌아가는 실체를 증거하고, 진공의 소식을 체험해야 합니다. 그래서 진공이 현상을 떠나지 않고 그대로 존재함을 깨달아 삶 속에서 천만가지로 활용해 가는 공부로 적공해 나가야 할 것입니다. 소태산 대종사께서는 견성이 되지 않고는 법강항마위에 오를 수 없다고 하셨습니다.

우리가 견성을 했는가 못했는가의 견성 인가법 또는, 견성의 표준을 어떻게 두고 공부길을 잡아야 할까요? 스스로 공부하는 중에 반드시 마음이 열리면 깊은 체험을 하게 될 것입니다. 체험을 하게 되면 자기보다 법이 수승한 지도인에게 문답감정을 받아서 인가 받는 길이 있습니다. 또한, 소태산 대종사께서 정전에 스스로 대조해 보아 공증하도록 해 주신 법문이 있습니다. 그것이 바로 '일원상 법어'입니다. 공부를 하다가 스스로 깨친 바가 있어 일원상 법어에 대조해 보아 호리도 틀림이 없으면 깨친 바가 확연할 것입니다. 때문에 일원상 법어는 항마위의 도리와 출가위의 도리, 여래위의 도리를 공증하는 문서이며, 교단 만대에 깨달음의 최고 심법을 표본해 대조할 표준으로 밝혀 놓으신 공증법인 것입니다.

변의품 34장에서 소태산 대종사께서는 견성하지 않고는 항마위에 오를 수 없다고 하셨습니다. 그런데 항마위에 오른 법사들이 다 견성을 하고 오른 것인가의 문제가 제기될 수 있습니다. 이 문제는 앞으로 그 기준을 세워 법위에 손상됨이 없도록 해야 할 것입니다. 그러나 생각해 보면 원불교 초창기에 입교해 30년 내지 40년간 한결같이 서원과 신성과 공심으로 교법을 신봉해 온 그 과정을 인정해 준 것으로 보고, 부족한 부분은 채워갈 수 있도록 해야 하리라고 봅니다. 학교에서 공부할 때 다 만점을 받아 승급하는 것이 아니라 좀 부족해도 함께 승급하고 채워나가기도 하는 것과 같다 할 것입니다. 그러나 이것이 능사가 되어서는 안 될 것입니다. 때문에 반드시 등급에 따라서 제대로 공부해 나가도록 해야 할 것이며, 법마상전급과 예비 법강항마위에서는 특히 더 집중적으로 지도하고 공부를 시켜나가도록 해야 할 것입니다.

(원기107년 7월 미국원불교 교화단보)

# 교화단으로 정신개벽을

　소태산 대종사께서는 앞으로 시방세계 모든 사람을 두루 교화할 십인 일단의 단 조직 방법을 제정하시고 '이 법은 오직 한 스승의 가르침으로 모든 사람을 고루 훈련할 빠른 방법이니, 몇 억만의 많은 수라도 가히 지도할 수 있으나 그 공력은 항상 아홉 사람에게만 드리면 되는 간이한 조직이니라.' 서품 6장에서 말씀해 주십니다. 소태산 대종사께서는 서품 4장에서 당시의 세계 시국을 살펴 보시고 지도 강령으로 '물질이 개벽되니 정신을 개벽하자'는 개교 표어를 선포하시고 서품 5장과 6장에서 정신개벽으로 일체 생령을 제도하고 인도할 조직으로 교화단을 선택하셨음을 분명하게 밝히셨습니다. 그러므로 우리는 이 교화단을 교단과 교당의 최우위에 있는 최고 단이 되도록 하고, 이 단을 통해서 공부하고 교화하며 교단을 통치할 상하좌우의 소통 창구가 되고 협의체가 되어 교화 체제와 행정 체제의 포괄적인 중추적 역할을 할 수 있도록 해야 할 것입니다. 그런 의미에서 미주 지역에서 교화단 중심의 교화 체제를 구축하고, '교당내왕시 주의 사항'에서 밝혀주신 '문답감정, 해오'로 교화와 마음공부의 새로운 지평을 열어가려는 그 중심에 이 교화단이 있음을 깊이 자각해야 할 것입니다. 그리하여 서로서로 북돋으며 교화단을 활성화하는데 다같이 합력해 나가야 할 것입니다.

따라서 교화단은 첫째, 공부하는 교화단이 되어야 합니다. 교화단은 상시 기간에 공부했던 내용을 가지고 와서 발표하고 동지들의 격려와 허심탄회한 감정을 통하여 스스로의 공부 정도를 점검하고 더욱 분발심을 내어 발전하고 진급의 길로 나아갈 수 있도록 해야 할 것입니다. 그러려면 단회에 올 때 철저한 준비와 그 준비를 통해서 자신의 공부뿐만 아니라 동지들의 공부심도 진작시켜 줄 수 있도록 서로서로 노력해 나가야 할 것입니다.

둘째, 교화단은 교화의 실질적인 활동 체제가 되어야 합니다. 교화단을 통하여 교화의 정보를 교환하고 교화에 대한 사명을 진작시켜 나가야 하겠지만 한 걸음 더 나아가서 교화단을 통하여 실질적인 교화의 장을 넓혀가고, 교화단을 통하여 교화의 거점을 확대하고 교당의 기능을 수행할 수 있는 데까지 나아갈 수 있다면 미주지역에서 새로운 교화체제가 형성되어 빠르게 미주지역에 공부와 교화가 확산되어 나가리라고 봅니다.

셋째, 교화단은 법정으로 맺어진 가족입니다. 정의가 건네고 화기롭게 소통하며, 창조적인 좋은 의견 제안을 통하여 전체의 발전과 성장을 도모하는 교단의 실질적인 실체가 되어야 할 것입니다.

이미 스승님들의 말씀을 통하여 알고 있는 사항이지만 다시 한 번 교화단의 중요성을 인지하고 미주 사회에서 정신개벽을 실현하는데 이 교화단이 공부와 교화의 중심체제가 되어 일원대도를 선양하는데 크나큰 역할을 수행할 수 있도록 우리가 만들어가고 분위기를 조성해 나가야 할 것입니다.

(원기107년 5월 미국원불교 교화단보)

# 마음공부의 길 구도화

중앙총부에서는 항·각단 연석회의가 이루어지고 있습니다. 현재 교단은 그 어느 때보다도 대대적으로 공의를 수렴하여 혁신안을 짜고 교단이 변화해 나아가야하는 방향을 찾고 있습니다. 공의를 모아서 일을 해나가고 대중과 합력해 나가는 일은 아주 중요합니다. 그러나 그렇게 되기 위해서는 성숙한 대중의 의식이 필요합니다. 이 문제는 공화주의라는 것과 통하는 부분입니다. 종교가 나가는데 있어서 공익적이거나 민주적으로 가는 것이 중요하지만, 잘못해서 그것이 그냥 한 단체를 운영해가는 틀이 되어버려서는 안될 것입니다. 그 가운데 스승과 제자가 맥맥이 상통하고, 교법을 통해서 서로 공부하고 신앙하고 수행하는 그런 분위기를 우리가 어떻게 조성해 갈 것인지가 중요한 부분이 될 것입니다.

(원기 107년 10월 항단회 개회사 중)

다음 도표는 대소유무 변화의 원리를 구도화한 것이니 함께 연마해 봅시다.

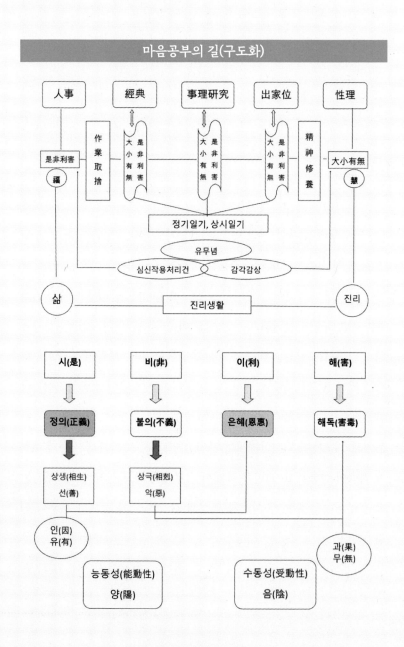

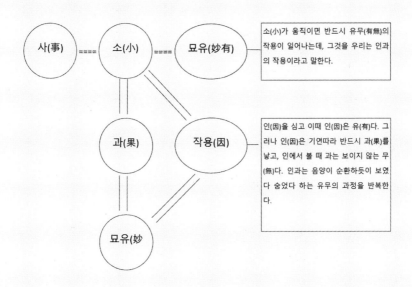

소(小)가 움직이면 반드시 유무(有無)의 작용이 일어나는데, 그것을 우리는 인과의 작용이라고 말한다.

인(因)을 심고 이때 인(因)은 유(有)다. 그러나 인(因)은 기연따라 반드시 과(果)를 낳고, 인에서 볼 때 과는 보이지 않는 무(無)다. 인과는 음양이 순환하듯이 보였다 숨었다 하는 유무의 과정을 반복한다.

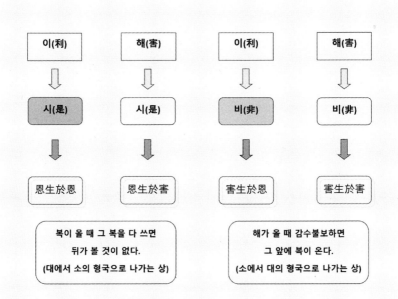

이(利) → 시(是) → 恩生於恩 / 복이 올 때 그 복을 다 쓰면 뒤가 볼 것이 없다. (대에서 소의 형국으로 나가는 상)

해(害) → 시(是) → 恩生於害

이(利) → 비(非) → 害生於恩 / 해가 올 때 감수불보하면 그 앞에 복이 온다. (소에서 대의 형국으로 나가는 상)

해(害) → 비(非) → 害生於害

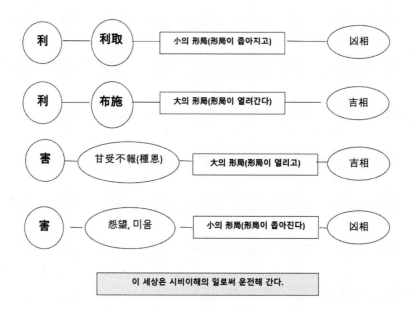

| 利 | 利取 | 小의 形局(形局이 좁아지고) | 凶相 |
| 利 | 布施 | 大의 形局(形局이 열려간다) | 吉相 |
| 害 | 甘受不報(種恩) | 大의 形局(形局이 열리고) | 吉相 |
| 害 | 怨望, 미움 | 小의 形局(形局이 좁아진다) | 凶相 |

이 세상은 시비이해의 일로써 운전해 간다.

(원기107년 10월 미국원불교 교화단보)

250

"원불교는 일원상의 진리를 믿고,
일분일각도 놓치지 않고
생활 속에서 사실적 도덕의 훈련으로
마음을 챙겨
내 삶의 질을 높여가는 수행을 합니다.
원불교는 신앙, 수행과 삶이
둘 아닌 생활을 하는 종교입니다."

죽산 황도국 원불교 미국종법사 법문집

일상의 삶을 위한

# 마음공부의 원리

**초판 1쇄 발행** 2024.11.01

**법문말씀** 죽산 황도국 원불교 미국종법사
**엮은이** 박심성
**사진제공** 원달마센터 / 원불교 미국총부 법무실

**펴낸 곳** 소리산 출판사
**출판등록** 2015-000090호
**주소** 서울시 중구 서애로 1길 10-13
**전자우편** sorisanpub@gmail.com
**대표전화** 070)7883-0615
**홈페이지** www.sorisan.com
**편집** BIGWAVE
**인쇄** 효일문화
**도움받은곳** 원불교 대사전 (각주 출처)
**도움주신곳** 원불교 미국총부 교화단관리본부

**ISBN** 979-11-980680-2-6 (03190)